魔力数学 6

模型推理

宋　君　赵　岩
宋伟琴　杨伟华　著

中原出版传媒集团
中原传媒股份公司
大象出版社
·郑州·

图书在版编目(CIP)数据
魔力数学. 模型 推理 / 宋君等著. -- 郑州 : 大象出版社, 2025. 2. -- ISBN 978-7-5711-2261-4
Ⅰ. G624. 503
中国国家版本馆 CIP 数据核字第 2024N837C7 号

MOLI SHUXUE

魔力数学

——模型 推理

宋 君 赵 岩 宋伟琴 杨伟华 著

出 版 人 汪林中
责任编辑 梁金蓝 连 冠
责任校对 李婧慧
装帧设计 付锬锬
部分插图 一碗面工作室

出版发行 大象出版社(郑州市郑东新区祥盛街 27 号 邮政编码 450016)
发行科 0371-63863551 总编室 0371-65597936
网 址 www.daxiang.cn
印 刷 河南文华印务有限公司
经 销 各地新华书店经销
开 本 720 mm×1020 mm 1/16
印 张 11
字 数 89 千字
版 次 2025 年 2 月第 1 版 2025 年 2 月第 1 次印刷
定 价 36.00 元

印厂地址 新乡市获嘉县亢村镇工业园
邮政编码 453800 电话 0373-5969992 5961789

嗨，我是“藏不住秘密”的淘淘国王，称霸数学界是我的目标，而且我在《魔力数学》中很快找到了称霸的秘诀，想知道是什么吗？嘿嘿，快来加入我的战队，一起在阅读中寻找吧！

鹤立鸡群是我的标签，自信严谨是我的优势，压轴亮相是我的出场方式，我就是淘淘数学称霸路上的拦路石——“数学小诸葛”乐乐大人。

大家好！我是可爱的飞飞。老师说学好数学能让我的思维更开阔，能让我变得越来越聪明。老师说得一定没错！

你好，我是花花，悄悄地告诉你，同学们私下里都说我是“十万个为什么”，我觉得学无止境，不懂就要问嘛，嘻嘻！谁也阻挡不了我成为“数学花仙子”的脚步！

数学阅读，为我们打开一扇窗

提到阅读，人们通常想到的是语文阅读，很少将阅读与数学联系在一起。可见，数学阅读是被忽视的。因此，在落实核心素养的今天，重视数学阅读，具有重要意义。

我的教学主张是智慧数学。我始终认为：使学生获得终身发展的数学就是智慧数学。数学本身是一门智慧之学，而数学阅读是开启学生智慧的一把金钥匙，可以促进思维发展，提升思维品质。

本套丛书以核心素养为背景，将数学基础知识、基本技能、基本思想、基本活动经验融入故事、游戏、活动中。书中的故事充满童趣，与学生生活实际紧密结合，让我们体会到数学的广泛应用，分享到数学智慧阅读的快乐与愉悦。通过本套丛书的阅读，小朋友们能够增长智慧，数学会变得“好玩”，真正让孩子们在阅读中学习，在运用中提高。本套丛书有如下特点：

一、是目前少有的专门针对小学生的数学课外读物

在数学课外阅读书籍中，本套丛书是少有的贴近学生实际、非常适合12岁之前开展数学阅读的读物。

数学阅读研究得到北京师范大学刘坚教授、福建省特级教师王永老师、新世纪小学数学教材编写团队王明明老师等国内中小学数学专家的肯定，还得到了华人数学家蔡金法教授为期三年的跟踪与指导。

二、与学生的现实生活紧密联系

本套丛书注重从现实生活中提炼阅读素材，通过阅读、思考、表达促进学生在真实的世界中感受数学的价值。从生活的世界入手阅读，通过思维的深加工，不断抽象为数学的模型，解决生活中的实际问题，从而提升学生的数学素养。

同时，本套丛书是我在坚持 20 多年的实践研究中，在撰写的 300 余篇（约 16 万字）的学生阅读资源中，修改、完善、提炼，逐渐成为学生最喜欢的、独具特色的数学课外阅读读物。

三、重在培养学生的阅读能力、思考能力和表达能力

学生核心素养的终极目标是，培养学生应具备的适应个人终身发展和社会发展需要的必备品格和关键能力。而关键能力就是阅读能力、思考能力和表达能力。

2022 年 4 月，《义务教育数学课程标准（2022 年版）》发布，数学核心素养构成简称“三会”，即会用数学的眼光观察现实世界，会用数学的思维思考现实世界，会用数学的语言表达现实世界。而《魔力数学》正是以“故事分享”“思考分析”“拓展思路”“答案提示”“智慧提升”板块加以呈现。“故事分享”板块，旨在让学生通过阅读培养其阅读能力；“思考分析”板块，是让学生通过阅读，学会用数学的头脑进行思考、分析和推理，无形中培养其思考能力；“拓展思路”板块，提升学生的思维能力，促进数学素养的达成；

“答案提示”板块，在学生解决问题有困难时给其一把扶梯，使他们跳一跳能够得着；“智慧提升”板块，是让学生跳出数学来看待问题，会有新的发现和见识。

四、将数学基本知识、技能与数学思想融入故事、游戏、活动中

故事是孩子们最喜欢的，而本套丛书将数学融入故事中，采用故事叙述的方式呈现阅读内容，极大地调动了学生阅读的兴趣，使学生在不知不觉中爱上阅读、善于阅读，发展其核心素养。

在数学故事的阅读中，将数学故事情境营造给学生，鼓励他们积极思考，从而获得知识技能、数学思考、问题解决、情感态度的全面发展。数学阅读故事的展开过程就是学生积极思考的过程。在数学阅读的过程中，兴趣能够引发学生思考，学生通过独立思考，不断“建立模型—解释应用”。

五、指导学生形成高观点背景下的深入思考

学生读这套丛书不仅仅是阅读故事，更是对数学问题进行深入思考。尤其是“智慧提升”板块，非常注重对故事背后的解决策略、数学思想等及时进行归纳和提升，促进学生对数学的本质有一定理解。

这种提升和发展，能够促进学生不仅仅在故事中捕捉有效的数学信息，更对形成高观点下的深入思考有着积极作用。

宋　君

目录

埃及分数

故事分享

淘淘在一本数学课外读物中看到了有关埃及分数的故事：埃及是世界四大文明古国之一。在 2000 多年前，古代埃及人在进行分数运算时，只使用分子是 1 的分数。所以，人们把这种分数称为埃及分数或分数单位。

书中有一个题目，淘淘怎么也想不出来。同学们，你能算出下面不同的埃及分数的和吗？请你试一试。

$$\frac{1}{2}+\frac{1}{6}+\frac{1}{12}+\frac{1}{20}+\frac{1}{30}+\cdots+\frac{1}{9900}$$

思考分析

我们先观察，$\frac{1}{2}=\frac{1}{1\times2}=1-\frac{1}{2}$，$\frac{1}{6}=\frac{1}{2\times3}=\frac{1}{2}-\frac{1}{3}$，$\frac{1}{12}=\frac{1}{3\times4}=\frac{1}{3}-\frac{1}{4}$，$\frac{1}{20}=\frac{1}{4\times5}=\frac{1}{4}-\frac{1}{5}\cdots\frac{1}{9900}=\frac{1}{99\times100}=\frac{1}{99}-\frac{1}{100}$，这样就把烦琐的分数计算化成了简单的分数计算，所以：

$$
\begin{aligned}
&\frac{1}{2}+\frac{1}{6}+\frac{1}{12}+\frac{1}{20}+\frac{1}{30}+\cdots+\frac{1}{9900}\\
&=\left(1-\frac{1}{2}\right)+\left(\frac{1}{2}-\frac{1}{3}\right)+\left(\frac{1}{3}-\frac{1}{4}\right)+\cdots+\left(\frac{1}{99}-\frac{1}{100}\right)\\
&=1-\frac{1}{2}+\frac{1}{2}-\frac{1}{3}+\frac{1}{3}-\frac{1}{4}+\cdots+\frac{1}{99}-\frac{1}{100}\\
&=1-\frac{1}{100}\\
&=\frac{99}{100}
\end{aligned}
$$

拓展思路

解决了这个问题，淘淘还有一个问题想考考你，你愿意接受挑战吗？

$$\frac{3}{2\times5}+\frac{3}{5\times8}+\frac{3}{8\times11}+\frac{3}{11\times14}$$

答案提示

$$\frac{3}{2\times5}+\frac{3}{5\times8}+\frac{3}{8\times11}+\frac{3}{11\times14}$$

$$=\left(\frac{1}{2}-\frac{1}{5}\right)+\left(\frac{1}{5}-\frac{1}{8}\right)+\left(\frac{1}{8}-\frac{1}{11}\right)+\left(\frac{1}{11}-\frac{1}{14}\right)$$

$$=\frac{1}{2}-\frac{1}{5}+\frac{1}{5}-\frac{1}{8}+\frac{1}{8}-\frac{1}{11}+\frac{1}{11}-\frac{1}{14}$$

$$=\frac{1}{2}-\frac{1}{14}$$

$$=\frac{3}{7}$$

智慧提升

把一个分数拆成两个分数相减的形式，然后前后项相互抵消，这样把复杂、烦琐的分数计算变得更加简单，用裂项法可以巧妙简算分数计算，让我们感受到数学的简捷和智慧。

抛硬币游戏

故事分享

星期天，淘淘到亮亮家写作业。作业完成后，淘淘对亮亮说:“我们做个游戏吧!”亮亮听说要玩游戏，特别高兴，问:“做什么游戏?”“我们玩抛硬币游戏。”淘淘回答道。

淘淘从口袋里找到一枚硬币，说:“我抛硬币，你来猜，猜它是正面还是反面。猜对了，我给你一颗糖；猜错了，你给我一颗糖。”说着，淘淘从书包里拿出一包糖，一人一半。亮亮说:“你的糖我可是吃定了!”“别说大话!”淘淘也不示弱。说着，淘淘把硬币抛向天空，等硬币落下来后他快速用手盖住，说:“猜猜看，是正面，还是反面?”亮亮说:“反面。”淘淘把手拿开一看，是正面。他就从亮亮的糖中拿了一颗。

亮亮不甘心，又玩了几局，可是十有八九没有猜中。亮亮心里有些不高兴，说：“我怎么这么倒霉，一会儿工夫你就把我的糖赢走了一半。我得想办法再赢回来。”

于是，亮亮从口袋里也拿出一枚硬币，对淘淘说：“猜一枚硬币太简单，咱们玩猜两枚吧！”淘淘爽快地答应了，说：“看你输得这么惨！如果你两枚硬币都猜对了，我给你 5 颗糖；如果一枚猜错，你给我 1 颗糖。”亮亮还是输得一塌糊涂。淘淘对亮亮说：“猜两枚硬币可比猜一枚硬币要难多了。”亮亮眨了眨眼说：“今天怎么回事？奇怪了！都是我输。”

同学们，看了这个故事，你们知道为什么亮亮总是输吗？

思考分析

对于抛硬币游戏，一枚硬币猜它是正面还是反面，猜对的可能性是$\frac{1}{2}$，游戏规则是公平的。而用两枚硬币做游戏，如果都猜对了，淘淘给亮亮 5 颗糖；如果一枚猜错，亮亮给淘淘 1 颗糖。这样的游戏规则是不公平的，猜对的可能性是 $\frac{1}{2} \times \frac{1}{2} = \frac{1}{4}$，猜对的可能性比较小。

拓展思路

淘淘拿出 3 枚硬币，对亮亮说："如果我一起抛出 3 枚硬币，你 3 枚硬币都猜对了，我给你 10 颗糖；如果一枚猜错，你给我 2 颗糖。如何？"同学们，请想一想，这样的游戏规则公平吗？请说出其中的道理。

答案提示

这样的游戏规则是不公平的，第 1 枚硬币猜对的可能性是 $\frac{1}{2}$，第 2 枚硬币猜对的可能性是 $\frac{1}{2} \times \frac{1}{2} = \frac{1}{4}$，第 3 枚硬币猜对的可能性是____________________，这样，亮亮全猜对的可能性很小。

所以，游戏规则不公平。

智慧提升

这样的问题涉及概率问题，对于此类问题，我们需要找出事件发生的所有可能性，并根据游戏规则判断哪些事件是可能性事件，用分数如何表示，这样我们就明白了游戏是否公平。

能一起到终点吗

故事分享

假期里的一天，淘淘和乐乐约好一起进行跑步比赛。他们在运动场上找到了 100 米的起点，淘淘和乐乐一起跑，两人飞快地向终点冲去，比赛结果是淘淘先到达终点，乐乐落后 10 米。乐乐很不高兴，决定再次比赛，就这样进行了几次比赛，每次乐乐总要落后 10 米。

在休息的时候，乐乐就对淘淘说："下次比赛，你让我 10 米，我还在起点，你在起点的后面 10 米处，我们用原来的速度再跑一次，就能一起到达终点了。"同学们，乐乐能够和淘淘一起到达终点吗？你是怎样想的？

思考分析

乐乐和淘淘不能一起到达终点。根据前几次比赛的情况看，淘淘跑 100 米时，乐乐跑了 100 − 10 = 90 米，乐乐的速度是淘淘的 $\frac{9}{10}$，那么，当淘淘跑到终点，他一共跑了 100 + 10 = 110 米，而此时乐乐应该跑 $110 \times \frac{9}{10} = 99$ 米，此时乐乐离终点还有 100 − 99 = 1 米。

拓展思路

如果乐乐真的想和淘淘一起到达终点，你有什么好的建议？请把你的想法和乐乐一起分享。

答案提示

可以让乐乐先跑 ______ 米，淘淘再跑，这样他们就可以一起到达终点了。

智慧提升

有的事情表面上看是合理的，但经过数学思考，就会得出不一样的结论。数学能够让我们的思考更精密，让我们学会透过现象看到本质。

转换角度 巧妙解答

故事分享

最近，淘淘所在的六年级转来了几名女生，一向喜欢打听事情的淘淘就跑到教导处咨询转来女生的人数。教导处的王老师知道淘淘数学学得特别好，就故意给他出了一个难题："我们六年级原有学生 240 人，其中女生占总人数的$\frac{7}{12}$，开学转来了几名女生，这时女生占总人数的$\frac{3}{5}$，你现在知道转来几名女生了吗？"淘淘出了教导处的门，就一直在思考，可怎么也想不出来结果。于是，淘淘就找他的好朋友乐乐和聪聪，淘淘把刚才的经过讲给了两个好朋友，乐乐和聪聪也想了想，还是没得出结果。"是不是王老师就不想告诉你转来的女生数呢?”“我有办法了，不如从男生人数入手去想……”“对!”“我知道了，转来了10名女生。”当淘淘把结果告诉教导处的王老师时，王老师高兴地告诉淘淘学校就是转来了10名女生。同学们，你们知道淘淘是怎样算出来的吗?

思考分析

按照一般的解题思路，我们会从女生人数这个方面来想，但想来想去，似乎无法解答。**如果我们转换一下角度，从男生人数入手，就能找到突破口，因为男生的人数始终没变。**根据原来女生占总人数的$\frac{7}{12}$，可以知道男生占总人数的$\frac{5}{12}$，根据“开学转来了几名女生，这时女生占总人数的$\frac{3}{5}$”，可以知道这时男生占总人数的$\frac{2}{5}$，我们就可以求出现在的总人数：$240\times\frac{5}{12}\div\frac{2}{5}=250$（人），再求出转入的女生人数：$250-240=10$（人）。

拓展思路

淘淘舅舅家开了一个水果店。水果店里新进了一批水果900

千克，其中苹果占$\frac{5}{9}$，其余的是桃子，后来，又运进一批苹果，这时苹果占总数的$\frac{7}{11}$，你知道运来的苹果有多少千克吗？

答案提示

根据原来苹果占水果总数的$\frac{5}{9}$，可以知道桃子占水果总数的$\frac{4}{9}$，根据又运进一批苹果，这时苹果占总数的$\frac{7}{11}$，可以知道桃子占水果总数的$\frac{4}{11}$，我们就可以求出现在的水果总数：$900\times\frac{4}{9}\div\frac{4}{11}=1100$（千克），再求出运来的苹果数：________________________________。

智慧提升

当我们找不到解决问题的突破口时，不妨变换一下思维方式，从另外一个角度思考如何解决问题，反而会让问题得到解决。

巧用线段图 思考变简单

故事分享

今天，淘淘和乐乐都学了关于分数乘除法的知识。淘淘就给乐乐出了这样一个题目："我们班男生人数比女生人数多$\frac{1}{2}$，那么女生人数比男生人数少几分之几？"乐乐一听就笑了，心想，这么幼稚的问题还来考我？"听着，女生人数比男生人数少$\frac{1}{2}$。因为，我们都学习过整数的知识：5 比 3 多 2，3 比 5 就少 2。"听了乐乐的回答，淘淘哈哈大笑，说："你回答错了！应该少$\frac{1}{3}$！""少$\frac{1}{3}$？"乐乐半信半疑。淘淘就给乐乐讲起来："把女生人数看作'1'，那么男生人数是（$1+\frac{1}{2}$），然后就能求出女生人数比男生人数少$\frac{1}{2}\div\left(1+\frac{1}{2}\right)=\frac{1}{3}$。”乐乐听了淘淘的讲解更加糊涂了，到底是$\frac{1}{2}$还是$\frac{1}{3}$呢？请同学们当裁判，看到底谁说得对。

思考分析

在这个题目中，由于参照量是变化的，所以导致比较结果会发生变化。我们可以采用画线段图的方法帮助我们分析题意，根据题意，可以画出如下线段图：

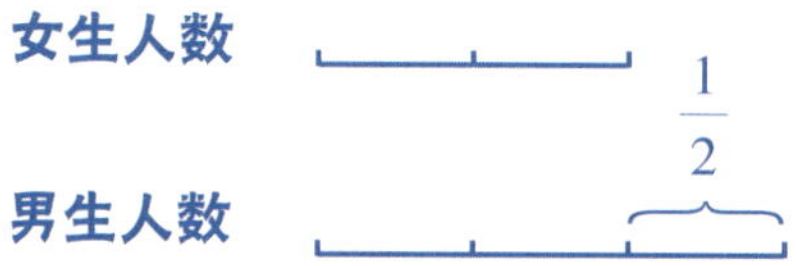

从图中，我们可以很直观地看到，男生人数比女生人数多$\frac{1}{2}$，也就是女生人数比男生人数少$\frac{1}{3}$。男生人数一共3份，女生人数一共2份，所以，女生人数比男生人数少1份，这1份占男生人数的$\frac{1}{3}$，也就是女生人数比男生人数少$\frac{1}{3}$。

拓展思路

淘淘和妈妈一起到植物园参观，黄花的朵数比红花的朵数少$\frac{1}{4}$，那么红花的朵数比黄花的朵数多几分之几？

答案提示

同样，我们可以用画线段图的方法帮助我们分析题意，线段图如下：

由于参照量是变化的，所以，红花的朵数比黄花的朵数多________。

智慧提升

由于我们受整数解题思路的影响，总认为一个数比另一个数多多少，另一个数就一定比这个数少多少，但由于参照量发生了变化，相对应的分数也发生了变化。借助线段图，可以直观地帮助我们分析题意，让解决问题的过程更加直观，让思考更加简单。

大约有多少只小鸡

故事分享

天气逐渐转暖，淘淘和爸爸一起去看望爷爷。刚一进门，他们都呆住了，院子里全是毛茸茸的小鸡，原来爷爷想办一个养鸡场。淘淘见到这些可爱的小鸡，高兴极了。

刚进屋坐下，淘淘就问爷爷："爷爷，这里有多少只小鸡呀？"爷爷笑了笑说："你那么聪明，你可以想办法数一数！"淘淘想了想，这还不简单。他跑到院子里，开始数：1、2、3、4、5、6、7……哎呀！小鸡乱跑怎么数呀！

第二天，爷爷给小鸡开门。淘淘站在旁边数，1、2、3、4、5、6、7……哎呀！小鸡全跑出来了，我可数不清。这可怎么办呢？淘淘找来了30根红线，他把红线绑在了30只小鸡的腿上。下午，淘淘看了看，大约20只小鸡里有一只小鸡绑了红线。淘淘高兴地说："我知道大概有多少只小鸡了！我知道有多少只小鸡了！"爷爷很惊奇地说："真是聪明的孩子！你是怎样数出来的？"淘淘说："不是数出来的，我是推算出来的。"

同学们，你们知道淘淘是如何知道小鸡的数量的吗？请把你的想法和小伙伴分享。

思考分析

淘淘对小鸡数量的推算是这样的：大约 20 只小鸡里有一只小鸡绑了红线，即 $30 \div \frac{1}{20} = 600$ 只。这样推算虽然不是十分准确，但我们可以粗略知道小鸡的只数。

拓展思路

想一想，生活中还有哪些这样的事例？它对我们的生活有什么帮助？

答案提示

生活中这样推算的例子比较多。例如：天气预报明天下雨的概率是 90%，说明明天下雨这件事发生的可能性比较大，如果外出需要带伞；如果气象部门发布橙色大风预警，渔民一般不出海，因为该地区在 6 个小时内会迎来平均风级为 10 级以上的大风，且持续时间比较长，这样的天气出海出事故的可能性比较大……

智慧提升

采用统计的方式，从随机抽样推广到一般，这样进行有根据的推算更有利于我们粗略估计数量的多少，从而感受背后的规律。其实，这些都应用了统计的知识。

酸奶结成冰之后的体积

故事分享

某超市新进了一批玻璃瓶装的酸奶，促销活动期间，特价6瓶20元。淘淘看到之后与其他酸奶进行了对比，认为比较划算，于是买了6瓶。

由于一次喝不完，淘淘把其中的4瓶酸奶放入了冰箱。哎呀，冰箱里的保鲜层都已经放满了，淘淘只好把它们放到冷冻层里。

第二天，乐乐、飞飞、慧慧来到淘淘家里玩，淘淘准备从冰箱里拿出酸奶，分给小伙伴们一起喝。

“啊呀！”淘淘大叫了一声。这可把小伙伴们吓坏了，他们纷纷围了过来。

淘淘回头说道："没事儿，只是酸奶瓶裂开了。"只见酸奶瓶从中间裂开了一圈，裂痕把瓶子分为了上下两个部分。"可是，酸奶瓶怎么会裂开了呢？难道是冻裂了？"淘淘自言自语道。

"先别管为什么啦！赶紧把这些酸奶瓶都拿出来吧，先用碗盛着，等化开之后再把瓶子去掉。"乐乐看到冷冻层里的状况，急忙说道。

经过一顿收拾，他们顺利地把酸奶瓶都拿了出来。还好，4 个酸奶瓶都是从中间裂开的，裂痕很明显，基本没有碎玻璃碴儿。但是酸奶与瓶子仍然冻在一起，一时半会儿分不开，淘淘试着把裂开的酸奶瓶合在一起，竟然合不起来。

这时，慧慧说道："我爸爸有时候把啤酒瓶放入冷冻层，但是过一会儿就会把它拿出来。说是防止炸瓶。有一次，爸爸一时忘记了冰箱里的啤酒瓶，也和这次的结果一样，炸瓶了。后来爸爸说，由于冰箱冷冻层里的温度过低，水结成冰之后，体积会比原来的体积大，体积一增加，就会把原来的瓶子撑裂开。"

"哦！原来是这样啊，不是玻璃被冻裂了，而是酸奶结成冰之后，体积变大了，把瓶子给撑裂了。"大家明白了其中的道理。

淘淘说道："这瓶酸奶是180毫升，结成冰之后体积增大了多少呢？"

这个问题一下子引起了他们的兴趣。反正闲着也是闲着，在等待酸奶融化的过程中，他们查阅了一些资料。资料是这样描述的：在冰水转化的过程中，冰的体积比水大。水结成冰之后，体积会比原来增加$\frac{1}{10}$。

亲爱的小读者们，你们能求出一瓶酸奶结成冰之后的体积吗？

思考分析

水结成冰，体积会比原来增加$\frac{1}{10}$，即比原来水的体积增加$\frac{1}{10}$。已知酸奶的体积是180毫升，那么它结成冰之后，体积将会比当前的体积增加$\frac{1}{10}$，即增加了$180\times\frac{1}{10}=18$毫升。由此，酸奶结成冰之后的体积为：$180+180\times\frac{1}{10}=180+18=198$（毫升），198毫升$=198$立方厘米。因此，一瓶酸奶结成冰之后，体积为

198 立方厘米。

拓展思路

水结成冰之后，体积会比原来增加 $\frac{1}{10}$ 。5 立方米的冰融化成水，水的体积是多少立方米？

答案提示

解：设水的体积是 x 立方米。

$$\left(1+\frac{1}{10}\right)x=5$$

$$\frac{11}{10}x=5$$

$$x=4\frac{6}{11}$$

答：水的体积是 $4\frac{6}{11}$ 立方米。

智慧提升

在冰与水的转换过程中，我们需要找到比较的量，清楚了已知量和未知量的关系，我们可根据题意列算式解答。

慢骑自行车比赛

故事分享

学校举行趣味运动会，淘淘报名参加了“超强控制——慢骑自行车”比赛，游戏规则如下：

1. 统一使用比赛自行车。比赛自行车没有附带旁轮、安装附带物体以及变速功能。

2. 当裁判发出比赛信息后，参赛运动员支撑脚立即离地（否则判失误）。

3. 参赛选手在比赛中，每名选手占一条跑道，身体任何部位不得触及地面。

4. 从起点到终点共有 20 米，运动员们骑上自行车从起点出发，中途脚不能落地，最晚到达终点的同学获胜。

比赛现场，第一道：天天；第二道：淘淘；第三道：乐乐；第四道：飞飞。随着裁判的哨声响起，比赛开始了，只见大家使出浑身解数，不断地控制着自行车慢速前进，赛场上竞争激烈，吸引了各个班级的啦啦队加油呼号。淘淘对自行车的控制游刃有余，以每分骑行$\frac{5}{4}$米的速度慢慢挪动，最终赢得了比赛的胜利。

亲爱的小读者们，你们知道淘淘比赛用了多长时间吗？

思考分析

要求淘淘比赛用时多长，我们需要知道路程和速度。**根据路程 ÷ 速度 = 时间，来计算淘淘的比赛用时：$20 \div \frac{5}{4} = 16$（分）。**

拓展思路

乐乐的比赛用时是淘淘的$\frac{3}{4}$，你能求出乐乐的慢骑速度吗？

答案提示

先求出乐乐的比赛用时，$16\times\frac{3}{4}=12$（分），根据路程 ÷ 时间 = 速度，____________________________。

智慧提升

解决问题的前提是厘清条件和思路。解决问题需要找准等量关系，认真分析，仔细思考，就能够使解决问题变得简单。

巧算报名人数

故事分享

新的学期，学校课后延时服务报名工作开始啦！课后延时服务的内容多种多样，有作业辅导、阅读指导、社团等课后延时活动等。淘淘、乐乐、天天和飞飞都报名参加了课后延时服务。下课时，他们聚集在一起讨论各自的报名情况。淘淘说："我听张老师说，我们六（1）班有$\frac{1}{8}$的同学没有报名参加课后延时服务，有$\frac{1}{4}$的同学报名参加了社团，有$\frac{1}{2}$的同学报名参加作业辅导，剩余的报名参加了阅读指导。""我报名参加了阅读指导活动，每周有 4 天能去图书馆看书，我要加强数学阅读，争取和淘淘一样优秀！"飞飞迫不及待地说。乐乐接着问道："淘淘，你不是报名参加了篮球社团吗？""是呀！我们报名参加篮球社团的人数占参加社团总人数的$\frac{3}{5}$，一共有6人。"乐乐说："我和天天报名参加了作业辅导，这学期我们要争取在放学前把每天的作业都完成。""真酷呀！让我们一起加油吧！"天天提议道。

亲爱的小读者，你知道淘淘所在的班级一共有多少人吗？

思考分析

要解决"淘淘所在的班级一共有多少人"的问题，根据题意，先求出参加社团的总人数$6\div\frac{3}{5}=10$人，再求班级人数$10\div\frac{1}{4}=40$人。

拓展思路

六（2）班报名参加手工社团的人数占参加社团总人数的$\frac{1}{6}$，

比六（1）班报名参加篮球社团的人数多$\frac{1}{6}$，学校手工社团的总人数有多少人？

答案提示

六（2）班报名参加手工社团的人数：$6\times\left(1+\frac{1}{6}\right)=7$（人）。

学校手工社团总人数：________________。

智慧提升

在解决问题时，我们要根据分数的意义，分析数量关系，帮助我们有效厘清信息、数量关系，从而解决问题。

植树中的数学

故事分享

周末，淘淘所在的年级打算组织植树活动。同学们积极报名参加，淘淘、乐乐和飞飞都报名参加了。

从学校出发后，参加植树的 70 个人在路上有说有笑，特别高兴。到了植树地点，王老师将同学们分成 3 组，第一组和第二组的人数比是 2∶3，第二组和第三组的人数比是 3∶5。“如果按照 1 人植 1 棵树分配树苗，三个小组各分到了多少棵树苗呢？”淘淘提出了一个问题。飞飞说：“如果分给第一组和第二组或分给第二组和第三组都好算，但现在是分给三个小组……”乐乐说：“分给三个小组也好算！”你知道乐乐是如何分配树苗的吗？想一想，说出你的想法。

思考分析

我们知道：第一组和第二组的人数比是 2∶3，第二组和第三组的人数比是 3∶5。由此可知，第一组的人数∶第二组的人数∶第三组的人数 = 2∶3∶5。按照 1 人植 1 棵树分配树苗，那么，第一组植树的棵数∶第二组植树的棵数∶第三组植树的棵数 = 2∶3∶5。所以，第一组分到树苗：70÷（2 + 3 + 5）×2 = 14（棵）；第二组分到树苗：70÷（2 + 3 + 5）×3 = 21（棵）；第三组分到树苗：70÷（2 + 3 + 5）×5 = 35（棵）或 70 − 14 − 21 = 35（棵）。

拓展思路

王老师仍将同学们分成 3 组，第一组和第二组的人数比是 2∶3，第二组和第三组的人数比是 4∶5。如果仍然按照 1 人植 1 棵树分配树苗，三个小组各分到了多少棵树苗呢？

答案提示

我们知道：第一组和第二组的人数比是 2∶3，也就是 8∶12，第二组和第三组的人数比是 4∶5，也就是 12∶15。由此可知，第一组的人数∶第二组的人数∶第三组的人数＝8∶12∶15。按照 1 人植 1 棵树分配树苗，那么，第一组植树的棵数∶第二组植树的棵数∶第三组植树的棵数＝8∶12∶15。所以，第一组分到树苗：70÷（8＋12＋15）×8＝16（棵）；第二组分到树苗：______________________________；第三组分到树苗：70÷（8＋12＋15）×15＝30（棵）或 70－16－24＝30（棵）。

智慧提升

解答如何合理分配树苗问题，关键是将三个量中的两两之比转化成三个量的比。如果共同的那个量是一致的，我们可以写成连比的形式；如果共同的那个量是不一致的，就需要将共同的那个量的份数转化成相同的份数，然后转化成三个量的比。

智测金字塔

故事分享

古希腊有许多数学家，泰勒斯就是其中的一个。当时，古希腊的邻国古埃及有一个典型的建筑物——金字塔，它非常高，是法老的陵墓。人们对金字塔十分敬畏，没有人敢登上金字塔进行测量，所以，人们都不知道它的高度，法老也为没有人能知道金字塔的高度而苦恼。泰勒斯知道了这件事情，经过一番思考，想出了一个测量金字塔高度的方法。

在一个阳光灿烂的日子里，泰勒斯和他的助手以及法老，一起来到金字塔的下面，准备测量。他首先测量了一下自己的身高，然后站在太阳底下，这时，地面上就出现了他的影子，当影子的长度和自己的身高一样时，他让助手测量出金字塔的影长。这样，同一时间、同一地点的金字塔，它的高度和它的影长也相等。所以，泰勒斯就测出了金字塔的高度。

古希腊人利用和泰勒斯相似的方法，测量出地球的半径，而且和现在的数值相差不大，这在当时可是很了不起的成就。

拓展思路

同学们，看了泰勒斯测量金字塔的方法，我们知道泰勒斯确实很聪明。想一想，你还有其他办法知道金字塔的高度吗？

答案提示

泰勒斯测量金字塔时，是当自己影子的长度和自己的身高一样时，他让助手测量出金字塔的影长。其实，通过身高与影长的比值等于金字塔的高度和影长的比值，我们同样可以求出金字塔的高度。

智慧提升

生活中我们会遇到很多无法解决的问题，但只要认真思考，就可以获得启示，找到解决问题的突破口，从而巧妙解决问题。

生活中的比

故事分享

淘淘是班级里的门窗管理员，天气好的时候，他每天早上来到学校，第一件事情就是开窗通风。每到放学之后，教室里都会由保洁员进行消毒，淘淘听老师说，保洁员每天都会背着喷洒消毒器，喷洒 84 消毒水，这样能够帮助班级做好消杀，防止出现传染病。

淘淘在办公室的储物间里见到过一小瓶一小瓶的 84 消毒液，听说每个班 2 瓶就足够使用一个月了。淘淘也见到过保洁员叔叔使用的喷洒消毒器，那么大的一个消毒器，能装很多瓶 84 消毒液吧？那到底是怎么消毒的呢？

他忍不住把自己的问题告诉了乐乐，乐乐一听，笑着说：

"瓶装的 84 消毒液是消毒原液，它的浓度特别高，味道特别呛人。我们班级喷洒的消杀液体，是用 84 消毒原液和水按一定的配比稀释后形成的稀释液体。"淘淘听完后恍然大悟："原来保洁员叔叔的喷洒消毒器里不只有 84 消毒原液，更多的是水呀！"乐乐点头继续说："是的，喷洒消毒液其实都是用水和 84 消毒液按一定的比例配出来的。我听保洁员叔叔说，给班级消毒，84 消毒原液与水的配比大约是 1∶200，也就是说，每使用 1 mL 的 84 消毒液，需要大约 200 mL 的水进行配比稀释，才能给班级消毒。如果配比后 84 消毒原液的浓度太高，会影响我们的身体健康。浓度太低的话，杀不死有害细菌和病毒。""哦！原来是这样呀！看来配制消毒液也是一个与数学相关的学问！数学真的无处不在呀！"淘淘边想边说，"这样的话，配制喷洒消毒液使用 10 L 的水，大约需要多少毫升的 84 消毒原液呢？"

思考分析

配制消毒水时，84 消毒原液与水的配比是 1∶200，现配制消毒水使用 10 L 的水，10 L = 10000 mL，所以需要 84 消毒原液大约是：10000÷200 = 50（mL）。

拓展思路

一瓶 84 消毒原液的容量是 550 mL，学校一天消杀大约需用 $\frac{1}{5}$ 瓶的 84 消毒原液，那么配制合格的喷洒消毒水，所需水多少升？

答案提示

根据已知条件，550 mL 的 $\frac{1}{5}$ 是 110 mL，学校一天消杀需要使用 110 mL 的 84 消毒原液。而根据 84 消毒液使用的稀释配比，84 消毒原液∶水 =1∶200，所以 110 mL 的 84 消毒原液需要用水 110×200 = 22000 mL，22000 mL = 22 L，所以配制合格的喷洒消毒水，所需水的体积为 22 L。

智慧提升

生活中处处有数学，发现生活中的数学现象，思考其中的数学问题，积累数学问题解决的经验和智慧。

相距多少千米

故事分享

每到节假日，淘淘一家就会到郑州周边游玩，深入大自然，体验河南的发展变化。他们已经去过了郑州黄河风景名胜区、焦作市云台山风景名胜区、新乡市回龙风景区、洛阳市白云山景区等。周日一早，淘淘一家又踏上了外出的旅程。他们乘坐了一辆从郑州开往安阳的大巴，行驶了一段路程之后，路上不断遇到堵车的情况，就这样走走停停，淘淘不断地问爸爸还有多长时间才会到。

爸爸看淘淘有些无聊，于是对淘淘说："刚刚我们离安阳还有 96 千米，接着又行驶了全程的 20%，这时已行驶路程与未行驶路程的比是 3 : 2，你知道郑州到安阳之间相距多少千米吗?”淘淘一听爸爸要考他，立马来了精神，只见他的眼睛滴溜溜地转动，显然是在认真思考。当他准备回答爸爸的问题的时候，他看到妈妈给了他一个眼神，意思好像是在说“再想想，检查一下”。淘淘又重新冷静了下来，再次认真推算。终于，他把自己的结果告诉了爸爸，得到了爸爸的表扬。亲爱的小读者朋友，你知道淘淘是怎么解决这个问题的吗?

思考分析

根据已知条件，我们可以把全程看成一个整体，平均分成 5 份后进行分析：还剩 96 千米时，又行驶了全程的 20%，20% 即全程的 $\frac{1}{5}$，可以看作又行驶了全程的 1 份，此时已行驶路程为 3 份，未行驶路程为 2 份。由此可以得出，还剩 96 千米时，已行驶路程为全程的 2 份，未行驶路程为全程的 3 份。即全程的 $\frac{3}{5}$ 是 96 千米，所以总路程为：$96 \div \frac{3}{5} = 160$（千米）。

除此之外，我们还可以列方程解答。

拓展思路

淘淘一家下午来到了安阳殷墟博物馆，爸爸是考古爱好者，他想细致感受甲骨文的历史文化和魅力。于是，淘淘和妈妈一起参观，爸爸独自参观。下午 16：00，淘淘和妈妈还剩 181 件典藏文物未参观，约占总数的$\frac{1}{6}$，爸爸已经参观的典藏文物数量约是未参观典藏文物数量的 2 倍，爸爸大约还有多少件典藏文物未参观？

答案提示

根据题意，可以计算出博物馆典藏文物数量为 $181 \div \frac{1}{6} =$ 1086 件，爸爸未参观的典藏文物数量占总数的$\frac{1}{3}$，因此，大约还有 ________________ 件典藏文物未参观。

智慧提升

生活中处处有数学，我们要善于观察，思考和应用数学，发现生活中的数学现象，思考其中的数学问题，积累解决数学问题的经验和智慧。

羊吃草

故事分享

快乐的寒假已经开始，淘淘来乐乐家写作业。淘淘在做寒假作业时，看到了这样一个题目：把一只羊拴在一块边长4米的正方形草地上，已知拴羊的绳长是2米，那么，这只羊吃到草的最大面积是多少？

淘淘想着并在纸上画着，乐乐也凑上前，当他听了淘淘的话后，也开始进行思考。淘淘说："羊拴在草地上的位置不同，吃到草地的面积也不尽相同。拴在……"乐乐接着说："……这样就可以求出羊吃草的最大面积和最小面积。"同学们，你们知道羊吃到草的最大面积和最小面积是多少吗？

思考分析

要想知道羊吃到草的最大面积是多少，羊应该拴在正方形草地的正中心，羊吃到草的面积是整个圆（如下图），面积是最大的，面积是：$3.14\times2^2=12.56$（平方米）。

拓展思路

同学们，想一想，你们知道羊吃到草的最小面积是多少吗？

答案提示

根据故事中描述的情境，当羊拴在正方形草地上的任意一个角上，羊吃到草的面积是圆的$\frac{1}{4}$（如下页图），面积是最小的，面积是：________________________。

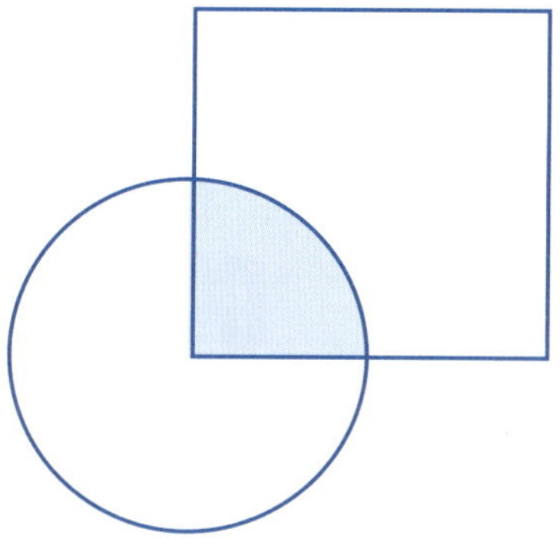

智慧提升

羊吃草问题是运用圆的有关知识解决问题的过程，求羊吃到草的最大面积就是求正方形内最大圆的面积，羊吃到草的最小面积需要我们认真分析、思考，这样才能找到解决问题的策略。

规矩的由来

故事分享

经常听别人说没有规矩不成方圆。方圆很好理解，是几何图形，可是规矩是什么呢？

淘淘向爸爸请教了这个问题。爸爸说：“我也不清楚，我们一起去查阅资料吧。”

通过查阅资料，淘淘清楚了规矩的由来。

在我国古代，规和矩都是数学工具。规就是画圆的圆规，矩就是折成直角的曲尺。在几何制图中，圆规、直尺是最基本的两种工具，那么它们最早是谁发明的呢？

有人认为是鲁班发明了规和矩，但在商朝就已经有关于规和矩的记载了。之所以传说规和矩是鲁班发明的，是因为它们是木工使用的重要工具，所以人们就把发明它们的功劳归到了木匠的祖师爷鲁班身上了。可是这个说法已经被考古学家们推翻了。

还有一种说法认为是大禹发明了规和矩。大禹生活的时代，黄河经常发大水，当时的首领舜就命令大禹来治水。据说为了规划出正确的治水方案，大禹翻山越岭，考察了山川，而他随身携带的测量工具，就是准绳和规矩。规和矩，这两样工具在治水过程中起到了重要的作用。

周朝有一个叫作商高的人，他知识渊博，并且精通数学。他在和当时的政治家周公旦讨论数学的时候，对用矩的方法进行了一次汇总。

他说把矩平放在地上，可以确定绳子的垂直线；把矩竖直起来，可以测量高度；把矩倒立过来可以测量深度；把矩平卧在地上可以测量两地之间的距离；矩旋转一周，就画成圆；两个矩合拢起来就形成一个方形。一个简单的矩，竟然有这么多的用处。

没有规和矩，就不能制成正规的方和圆。规和矩的发明，无论对数学的进步还是对人们的生产生活都起到了非常重要的作用。

亲爱的小读者，你们还知道哪些工具的产生与发展历程以及它们的用途呢？

思考分析

我们当前使用的许多测量工具，都是由古代劳动人民在生产劳动的过程中发明的，规矩就是如此。如今，我们已经有了更规范、更精确的测量工具，它们对我们的学习和生活都有着重要的影响。

拓展思路

你知道为什么有的测量工具是专门的，有的测量工具却是临时的吗？

答案提示

测量时间的工具：纵览中国计时器具发展的过程，就是一部社会科技进步的历史。从尧帝时期的“土圭测影”开始，计时器具历经了日晷、漏刻、香篆钟、沙漏、机械水钟、机械钟、天文钟、石英钟、分子钟、原子钟……人类计时的精度已经达到3000万年不差一秒。现在，还在为更高的精度而孜孜追求。

测量质量的工具：实验室里有托盘天平、学生天平；生活中有杆秤、案秤、电子秤、台秤等。

智慧提升

从了解“规矩”的由来与发展，我们知道测量是一门具有深远发展历史的学问。在今后的学习中，了解数学测量的要求，可以拓宽我们的数学学习视野。

摩天轮

故事分享

假期里，淘淘、乐乐、飞飞、欢欢 4 个好朋友在家长的陪伴下来到了人民公园，他们在公园玩得可开心啦！不仅观赏了许多花卉，而且发现了公园里的游乐园。

“哇！好大的摩天轮呀，我们一起去坐摩天轮吧！”飞飞激动地叫喊着。

“好呀！好呀！我还是第一次坐摩天轮呢！这个摩天轮真大呀！”欢欢也高兴地说。

于是，他们来到了售票处，只见售票处旁的指示牌上写着摩天轮游乐设备的简介：人民公园的摩天轮直径为 56 米，最高可达 78 米，有 42 个四人乘的吊舱，旋转一周需 16 分钟。

乘坐摩天轮，票价是 30 元 / 人。

他们迫不及待地买票，然后进入了摩天轮乘坐通道，在工作人员的帮助下，坐进了吊舱。只见吊舱缓缓升起，他们在透明观光吊舱里东瞅西看，随着摩天轮的缓慢旋转，他们的吊舱逐渐升了起来。

“摩天轮转得好慢呀!”乐乐说道。

淘淘想了想，说:“摩天轮转动的速度可一点都不慢。这个摩天轮是圆形的，直径 56 米，摩天轮的周长就是 56 乘 3.14，大约为 170 米，也就是说，在空中旋转一周，吊舱转动了 170 米。一周需要 16 分钟，也就是 1 分钟大约在空中通过了 11 米。这么大的摩天轮转动起来，已经不慢了！还是安全第一。”这时，他们的吊舱来到了最高处。

“哇！从这里真的可以看得很远呢!”飞飞说。

“下面的车和人看起来真小，整个公园一览无余!”欢欢兴奋地说。

“哈哈，感觉真棒呀！还想再转一圈。”在吊舱下降的过程中，乐乐说道。

淘淘这时想到了什么，说道:“其实这个摩天轮不是市

内最大的。最大的摩天轮在欢乐园里，我之前去那里玩过。下次我们可以一起去欢乐园坐摩天轮，怎么样?”

欢乐园的摩天轮高达120米，轮径88米，吊舱有56个，运行一周30分钟，一次性可以将300多人送上高空呢!

亲爱的小读者们，你们能求出欢乐园摩天轮的周长和旋转速度吗?

思考分析

我们可以把摩天轮抽象成我们学过的平面图形——圆。**淘淘计算人民公园的摩天轮的周长，用的就是圆的周长计算公式，$C = \pi d$ 或者 $C = 2\pi r$。**根据已知条件，欢乐园摩天轮的直径也就是轮径是88米，那么它的周长大约可以这样估算：把3.14看作3，88看作90，大约结果即为270米。精确计算为：$C = 3.14 \times 88 =$

276.32（米）。由此，我们得到了欢乐园摩天轮的周长。下面我们来计算一下它的旋转速度，$276.32 \div 30 \approx 9.21$（米 / 分）。对比人民公园的摩天轮，我们不难发现，摩天轮越大，每分钟的旋转速度就会越慢。正如淘淘说的，安全才是第一位的。

拓展思路

如果将人民公园的摩天轮和欢乐园的摩天轮看作是两个圆的话，大圆的面积比小圆的面积多多少呢？

答案提示

根据圆的面积计算公式，大圆面积为：$3.14 \times (88 \div 2)^2 = 6079.04$（平方米），小圆的面积为：$3.14 \times (56 \div 2)^2 = 2461.76$（平方米），两者面积相差 ____________ 平方米。

智慧提升

在日常生活中，我们有的时候可以用估算来代替精确计算，选择合适的估算方法，精确计算的结果与估算的结果就比较接近。

车轮为什么是圆的

故事分享

国庆假期，美术老师布置了一项手工作业：展开想象力，做一个汽车模型。淘淘心想：一个有想象力的汽车模型？嗯，我要打破常规，把汽车轮子从圆形改成方形或三角形。说做就做，淘淘拿出准备好的硬纸板，搭好汽车身体部分，剪了四个大小相同的正方形轮子，装在了汽车上。这时，妈妈走过来说："淘淘，你为什么要把汽车轮子装成方的呢？"淘淘说："我想让我的汽车与众不同。"妈妈说："嗯，很有创意，但是，方轮的汽车和圆轮的汽车相比，哪个跑起来更快呢？"

淘淘托着下巴，认真地思考起来。

思考分析

淘淘心想：方轮子可以跑吗？可以的。因为有中心点，可以绕着中心点旋转。那么方轮子跑起来的感觉怎样？淘淘试着让正方形轮子在桌子上滚动，好像跑起来磕磕绊绊的，不像圆轮子跑起来那么流畅。这是为什么呢？张老师说过，方轮子从中心到边上每个点的距离不一样，有对角线一半的距离，也有边长一半的距离。这就是方轮子跑起来不流畅的原因吧。而圆轮子的半径都相等，跑起来很流畅。那么，跑起来磕磕绊绊的方轮子怎么会比圆圆的轮子跑起来快呢？

拓展思路

妈妈夸赞淘淘说："虽然学校要求展开想象力，但还是要考虑实用性。"淘淘说："妈妈，轮子为什么不是球呢？球不是跑得更快吗？"

答案提示

妈妈说："淘淘，球太容易滚动，而且可以向各个方向滚动，这样汽车行驶起来就容易跑错方向。而圆柱只能向前或向后滚动，便于方向的掌握。”小朋友们，你们理解了吗？

智慧提升

车轮的使用，是人类文明史的一个重大进步。车轮可以省力，因为圆形可以减少摩擦阻力，加快速度。以滚动来代替人类和畜力的体力负重，提高效率，就是车轮的最大优点。物体在运动过程中，重心保持不变，不会因为重心的起伏消耗动力（人力或畜力）。人们把车轮做成圆形的，并使车轴通过圆心，当车轮在地面滚动时，车轴离开地面的距离就总是等于车轮半径的长度，这样行驶起来才会平稳。

公园里的自动洒水器

故事分享

每到节假日，雕塑公园就会非常热闹，这里人来人往，游客络绎不绝。淘淘和乐乐来到雕塑公园游玩，在公园里发现了许多好玩的事儿。刚到达公园正门口，淘淘和乐乐就发现了一个等边梯形形状的花坛，中间有一个快速洒水器，只见它逆时针快速转动，将水均匀地洒向四周，洒水的速度非常快，有的水已经洒出了花坛。

淘淘和乐乐走了过来，天气炎热，他们其实特别想去玩水呢！但是“急速洒水器”速度太快了，哪怕快速地跑，也来不及躲避它的“袭击”。淘淘发现，洒水器的喷洒半径大约是5米，在这个花坛的四周，洒在地上的水形成了两小块“弓形”图案，每块“弓形”的面积大约是 1.5 平方米（如下图）。那么，自动洒水器喷洒在地面上的面积占喷洒总面积的几分之几？

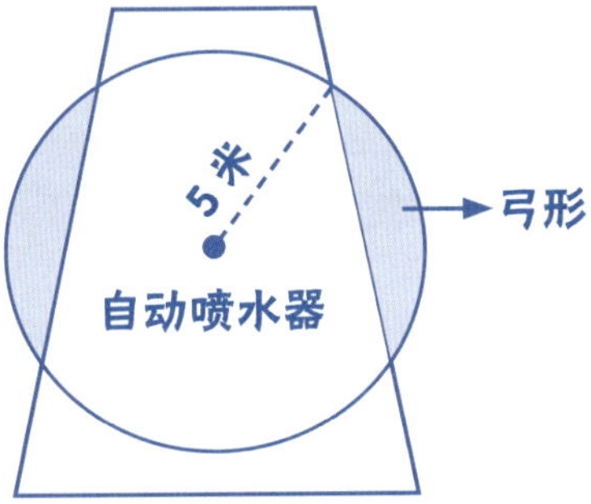

思考分析

根据已知条件，我们可以计算出自动洒水器喷洒的总面积，即半径为 5 米的圆的面积：$25\pi=78.5$（平方米）。然后再用喷洒在地面的面积除以圆的面积，就能得出自动洒水器喷洒在地面上的面积占喷洒总面积的几分之几。喷洒在地面的面积为 $1.5\times2=3$ 平方米，$3\div78.5=\frac{6}{157}$。自动洒水器喷洒在地面上的面积占喷洒总面积的$\frac{6}{157}$。

拓展思路

除了正门口，在雕塑公园里还有许许多多自动洒水器，有的喷洒半径只有 3 米，但是绿植喷洒覆盖面达到了百分之百。如果将正门口的自动洒水器也换成半径为 3 米的自动洒水器，那么它的喷洒面积是原来实际喷洒面积的几分之几？

答案提示

根据圆的面积公式，半径为 3 米的圆的面积是 $3^2\pi$ 平方米，原来半径为 5 米的圆的面积为 $5^2\pi$ 平方米。$\frac{(3^2\pi)}{(5^2\pi)}=\frac{9}{25}$。

智慧提升

生活中处处有数学，我们要善于观察，思考和应用数学，发现生活中的数学现象，思考其中的数学问题，积累解决数学问题的经验和智慧。

有趣的0.618

故事分享

“0.618真有趣！”淘淘发出了感慨。乐乐补充道：“是呀！它不仅在美学造型上有体现，而且在合理膳食等方面都有广泛的应用。”于是，乐乐将一本书中关于0.618的知识介绍给淘淘，书中的介绍如下：

热量 在膳食中，碳水化合物（主要是谷物中的淀粉）的供热量占总量的61.8%时，才能满足人体对热能的需求。因此，专家建议人们应吃以谷物为主的膳食。

水分 人体内的水分达到体重的61.8%。半固体食物供给的水和人体内部合成的水约1500毫升，大约占61.8%，其余1000毫升水分需要补充，才能保持平衡。因此，每人一天最少要喝5杯水。

蛋白含量 蛋白质是人体含量最多的有机物质，由20种氨基酸组成，但61.8%的氨基酸是人体合成的，另外8种氨基酸必须由食物供给。另外，蛋白质的供给量也应该达到61.8%。蛋白质主要存在于肉类食物和豆类食物中。

…………

拓展思路

同学们，你还知道哪些关于0.618的介绍？快和小伙伴们进行交流吧。

答案提示

生活中还有很多0.618的身影。舞台上主持人一般不站在舞台的最中间，而是站在黄金分割点上；人体下半身（即脚底到肚脐的长度）与身高的比值越接近0.618越给人以美感……正是这一个个奇妙的0.618组成了奇妙的世界。

智慧提升

留心生活，我们会发现数学与生活的密切联系；留心生活，我们就能感受到数学带给人类的便捷；留心生活，我们就能感受到数学的奇妙和有趣……让我们一起留心生活，感受数学带给我们的智慧。

节水中的数学

故事分享

夏天到了，淘淘在爸爸缴水费时看到了自己家的缴费记录。他发现：去年夏天每 2 个月的水费大约是 90 元，今年夏天每 2 个月的水费大约是 70 元。“爸爸，为什么今年夏天我们的水费变少了呢?”爸爸说：“像我们这样的居民生活用水，水费大约是 4.4 元 / 吨。为了响应国家的号召，我们家换上了节水龙头。”淘淘听完之后，在脑海里估算了一下，说：“哦！原来我们家每月用水约 10 吨左右，更换了节水龙头后每月用水约 8 吨，对不对，爸爸?”爸爸想了想说：“你算得真快。那我再考考你：现在每月用水比原来节约了百分之几?”

思考分析

题目中的数学信息比较多，我们需要认真分析要解决的问题是什么，需要知道哪些已知条件，然后从众多信息中筛选出我们需要的数学信息。**现在每月用水比原来节约了百分之几，需要找准单位“1”，即原来每月的用水量。**由此列式为（10 － 8）÷10 ＝ 20%。

拓展思路

淘淘上网查阅了关于新型节水龙头的知识，了解到节水龙头主要是通过限流节水的方式来减少用水浪费。家用普通水龙头的流量大约是 0.20 升 / 秒，每分钟出水量大约在 12 千克左右；新型节水龙头的流量大约是 0.046 升 / 秒，每分钟出水量大约是 2.76 千克。假设家中每天平均打开水龙头用水的时间是 30 分钟，原来普通水龙头 30 天的用水量，使用新型节水龙头能用多少天？

答案提示

原来普通水龙头 30 天的用水量为：$30 \times 12 \times 30 = 10800$（千克）。

新型节水龙头能用的天数为：__________________________。

智慧提升

世界上还有很多地区缺乏水资源。通过数学计算，我们感受到节约用水的价值，感受到数字背后的力量。在日常生活中，只有养成认真节约的习惯，才能更好地保护我们赖以生存的地球。

扇形统计图的妙用

故事分享

“五一”到了，淘淘在关注新闻时听说，根据大数据统计，今年的“五一”假期全国将会有近3亿人次出行旅游。淘淘听完后感觉不可思议，大家都会怎么出行呢？他们班上的同学也早就开始交流各自家庭的出行方案了。为了更好地了解班级同学的出行方式，淘淘想做一个六（1）班40名学生出行方式的大数据统计。怎么统计呢？淘淘把他的想法告诉了乐乐，他们确定了要做好这件事，需要查阅资料，了解相关的统计知识。经过家长和老师的帮助，他们明确了需要做的事情：收集数据—整理数据—分析数据—制作统计图（表）。如下页图：

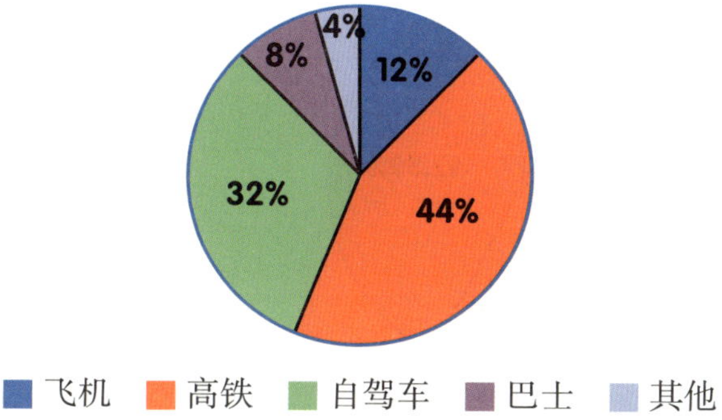

六（1）班“五一”假期出行方式统计图

同学们，你能利用自己所学的知识，看懂图中的数据吗？

思考分析

利用扇形统计图能够直观地看出班级出行方式的占比情况，选择哪种出行方式的人最多，哪种出行方式的人最少。结合百分数的知识，我们也能够得出各种出行方式的人数分别是多少，如，坐飞机的人数是 $40\times4\% = 6$ 人。

拓展思路

下面是郑州地区餐饮行业数量占比统计图，从中你能得到哪些数学信息？

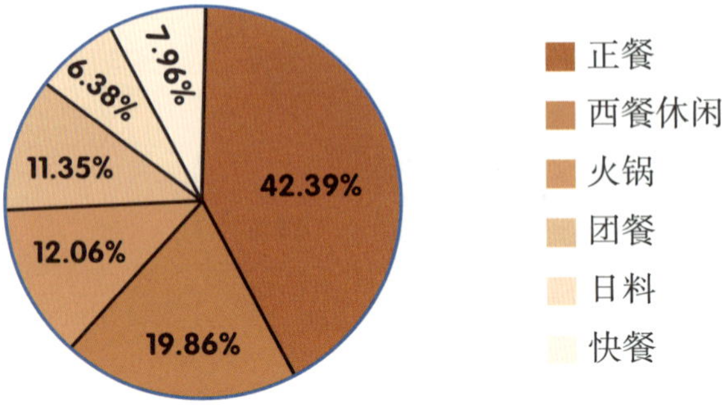

郑州地区餐饮行业数量统计图

答案提示

通过郑州地区的餐饮行业数量统计图，我们能够直观地看出：餐饮行业中正餐占比最大，占 42.39%，西餐休闲占比 19.86%，火锅占比 12.06%，团餐占比 11.35%，日料占比 6.38%，快餐占比 7.96%。

智慧提升

在学习生活中，我们要学会根据自己的需求，选择合适的统计图，采用恰当的方法和路径帮助我们分析和解决各种问题。

有趣的幻方

故事分享

今天，淘淘遇到了这样一个题目：请将 1 ～ 9 九个数，填在下图中，使每横行、每竖行和对角线上各数的和都相等。

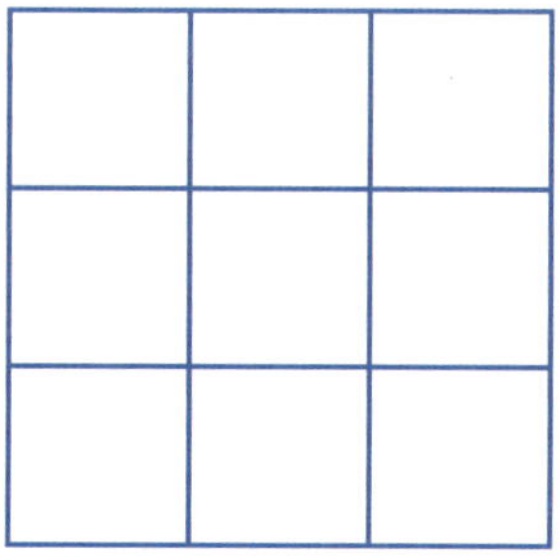

淘淘怎么想也想不出来，于是，他就到数学老师张老师的办公室进行咨询。当他把这个题目拿给张老师看时，张老师笑了，他对淘淘说：“这样的图形填数，我国古代称之为‘纵横图’‘九宫算’，国外叫它幻方或魔方阵。”

张老师接着说：“根据记载，传说夏禹治水时，在洛水里出现了一只大乌龟，龟背上刻有奇特的图案（如下图），古代人们把这个图取名为‘洛书’，‘洛书’实际上是一个标准的三阶幻方。现已确认，‘洛书’是世界上最古老的幻方。”

淘淘说：“这道题到底怎么解答呢？”

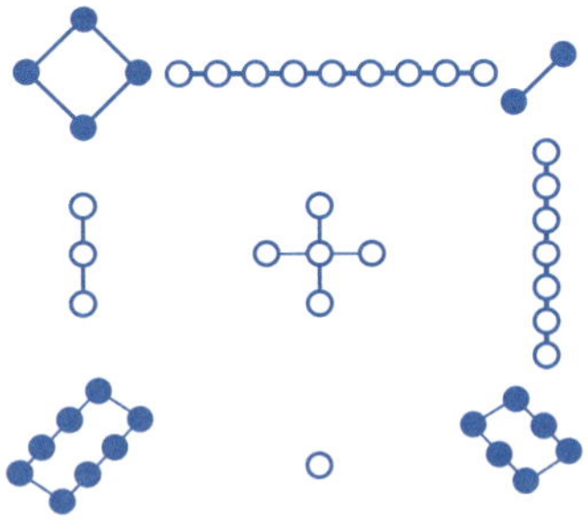

张老师说：“不要着急，我国宋朝数学家杨辉给出了一种解答方法，是四句话：‘九子斜排，上下对易，左右相更，四维突出。’”

经过张老师的讲解，淘淘终于掌握了怎么去填这些数。

淘淘说：“没想到一个题目背后还有这么多的故事。”

张老师说：“不仅如此，杨辉对幻方还进行了较系统的研究，他是世界上第一位把幻方当作数学问题来研究的数学家。后来还有很多的数学家来研究幻方。过去，幻方仅作为一种游戏，现在已经发现，幻方在计算机程序设计、图论、人工智能、对策论、组合分析等方面都有广泛的应用。”

同学们，你们知道怎样来填吗？请你们根据故事介绍的方法来试一试，把你们的思考和大家一起分享。

思考分析

根据数学家杨辉给出的解答方法，这样做（如下图）：将 1 至 9 九个数字斜着排列，然后把上下两个数字 1 和 9 对调，左右两个数字 7 和 3 对换，再将四个角的数字 4、2、8、6 分别向外突出，填进四个角上的空格中，就得到正确的答案。

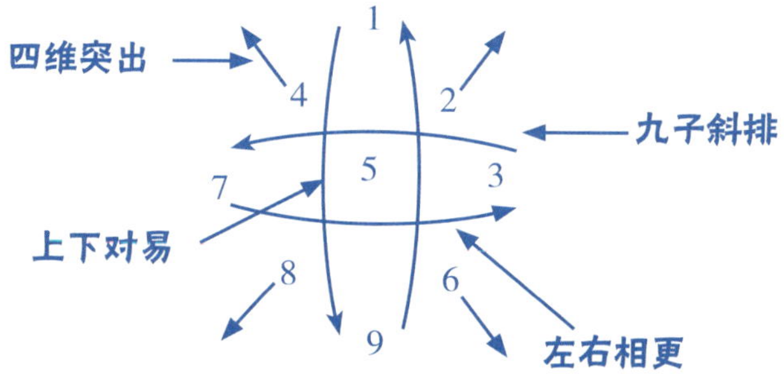

4	9	2
3	5	7
8	1	6

同学们，你们明白了吗？

拓展思路

请你将 5、7、9、11、13、15、17、19、21 九个数，填在下图中，使每横行、每竖行和对角线上各数的和都相等。

请你试一试，相信你一定能行！

答案提示

11	21	7
9	13	17
19	5	15

智慧提升

正是这样的研究和思考，让我们体会到我国古人的聪明才智，也感受到数学带给我们的快乐。

春游中的数学

故事分享

学校要组织春游了，同学们要去70千米外的植物园参观，那里正在举办花卉展览。

淘淘所在班级的学生一直玩到下午5时才乘车回学校。回到家后，淘淘突然冒出一个想法：何不把这一天的经过绘制成一幅图，记在日记里呢？这样既直观又有纪念意义。于是，他很快就绘制成一幅汽车行驶图（如下页图）。

第二天，乐乐看到了淘淘的日记，疑惑地问："你画的是什么呀？我怎么看不懂呢？"

同学们，看了这幅图，你能描述这次春游的情景吗？说说你的理由。

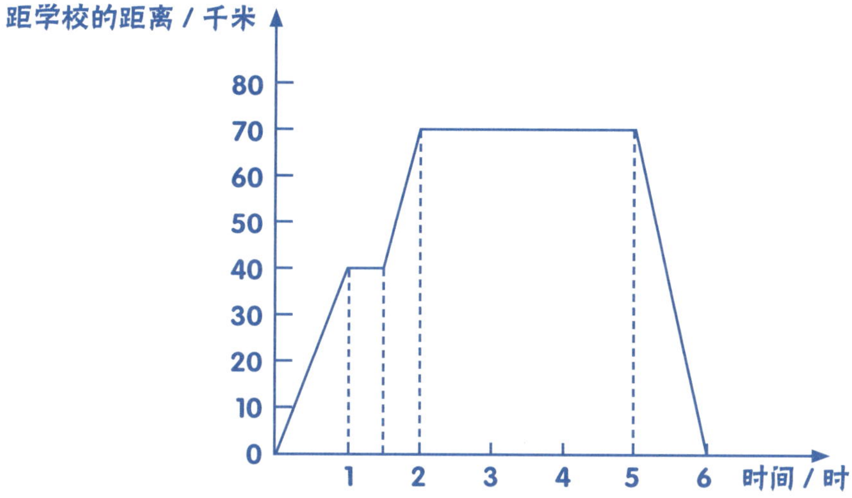

思考分析

图中的横轴表示所用的时间，纵轴表示距学校的距离。从横轴来看，此次游玩从出发到返回学校一共用了 6 小时。再结合纵轴看，出发后的第 1 小时到第 1.5 小时，时间在增加，距学校的距离不变，说明此段时间可能在休息，也就是途中休息 0.5 小时，从出发到植物园共用 2 小时；出发后的第 2 小时到第 5 小时，时间在增加，距学校的距离始终为 70 千米，说明大家在植物园游玩了 3 个小时；出发后的第 5 小时到第 6 小时，时间在增加，距学校的距离在不断减少，说明此时同学们在返程，返程共用 1 小时。

拓展思路

同学们，从这幅图中，你们知道从学校去植物园时汽车的平均速度和返回学校的速度哪个更快吗？请你们认真想一想。

答案提示

方法一：计算。去时的平均速度：70÷2 = 35（千米/时），返回时速度：70÷1 = 70（千米/时），35 < 70，所以返回时的速度快。

方法二：路程相同比时间，时间短的速度快。去和返回的路程都是 70 千米，去的时候用了 2 小时，返回用了 1 小时，2 小时 > 1 小时，所以返回的速度快。

智慧提升

文中的这幅图表示的是汽车行驶时间和距学校距离之间的关系。读图时，要注意两点：一是纵轴表示的是“距学校的距离”，不是随时间增加汽车距学校的距离也在增加，这从返程图中每个点对应纵轴上的数据越来越小就可以看出来；二是图中的线是由无数个点形成的，每个点都对应着横轴（时间）和纵轴（距学校的距离）两条信息，这可不是汽车行驶的轨迹图哟。

住哪家宾馆最划算

故事分享

周六下午，淘淘、乐乐、淘淘爸爸和乐乐爸爸 4 人一起开车去旅游，经过四个多小时的路途终于到了旅游景点。晚上住宿时，他们分头找到了两家条件、设施、服务都一样的宾馆，但两家的收费却不同。甲宾馆规定，其中一位大人收全价，其余人均半价；乙宾馆规定，不论大人、小孩一律按原价的 $\frac{2}{3}$ 收费。而两家宾馆的房间定价是相同的。到底该住哪家宾馆呢？淘淘爸爸和乐乐爸爸犯了愁。

亲爱的同学们，你们能帮助淘淘爸爸和乐乐爸爸选出居住的宾馆吗？

思考分析

看着爸爸这么为难，淘淘就说："让我来算一下就可以了，如果每个房间的报价是 180 元，那么，我们都住在甲宾馆就应该付款：$180+180\div2\times3=180+270=450$（元），我们都住在乙宾馆就应该付款：$180\times\frac{2}{3}\times4=480$（元）。所以，应该选择甲宾馆更划算。"

拓展思路

一种酸奶，大袋装（500 mL）售价 8 元，小袋装（180 mL）售价 3 元。甲、乙两家超市促销这种酸奶，甲超市买 1 大袋装酸奶送 1 小袋装酸奶，在乙超市，这种酸奶一律打八折。乐乐想买 1 大袋装酸奶和 1 小袋装酸奶，到哪家超市购买更合算？

答案提示

在甲超市购买 1 大袋装酸奶和 1 小袋装酸奶需要 8 元钱，在乙超市购买 1 大袋装酸奶和 1 小袋装酸奶需要 ____________________ 元。所以，到 _____ 超市购买更合算。

智慧提升

对于几种优惠策略要学会分析和比较，用数学来帮助我们进行判断，真正让数学成为做出判断和进行决策的工具。

盈利问题

故事分享

暑假里，郑州的温度居高不下，淘淘跟随爸爸妈妈一起来到了某商场，在这里，既可以享受中央空调的凉爽，也能够四处走走转转，还能吃到特色小吃。

立秋之后，各大商场、超市、服装专卖店相继打出“换季商品特卖风暴”“季末清货”“换季酬宾”之类的广告语，大大吸引了顾客的眼球，许多市民选择在这段时间大量购买服装、鞋子等。这不，这里也进行了打折活动。有的商品打九折，有的商品打七五折，还有的商品打五折，甚至还有打三折的商品，商场里人流如织。

淘淘看到广告栏中的折扣，发出了不可思议的声音：“哇！

怎么回事？这也太划算了吧！清凉一夏凉拖特惠七五折出售；某某品牌夏季服装五折清仓；夏季凉席三折出售……”商场做这样的活动，岂不是要赔本？

对呀！商场为什么这样做换季促销活动呢？赔本买卖真的有人愿意做吗？

这时，爸爸听到了淘淘的疑问，他解释道：“在满街‘换季大甩卖’的口号声中，消费者往往被‘特价’的热潮冲昏了头脑。之前在电视的相关新闻中已经报道过类似的事件，目前大部分商场的换季打折都避免不了‘圈套’的嫌疑。现在许多商店标出的打折优惠其实不然，比如说打五折，就是在原价的基础上翻两倍或更多再来打五折，这样的做法是吸引了顾客，生意自然很红火，殊不知消费者没有得到多大实惠，商家倒是赚了不少。所以，购买打折商品时要避免冲动消费，以免造成浪费。”

听爸爸这么一说，妈妈也发话了：“其实你爸爸说的只是少数现象。大多数商家还是很厚道的。我有一个做服装生意

的朋友曾经告诉我，一般做活动的时候商品确实在打折，但商家是在计算盈利的基础上进行打折活动。举个例子来说，一件衬衣，如果按照原价的九五折出售可获利 100 元，如果按原价的九折出售可获利 70 元。请你想一想，这件衬衣的进货价格会是多少元呢？”

亲爱的小读者们，你们能帮淘淘求出这件衬衣的进货价格吗？

思考分析

根据一件衬衣如果按原价的九折出售可获利 70 元，如果按照原价的九五折出售可获利 100 元，可知：两次分配的差是 95% − 90% = 5%，两次分配获利共相差 100 − 70 = 30 元，根据分析，我们可以求出这件衬衣的原价，进而求出进价。

原价：（100 − 70）÷（95% − 90%）= 600（元）；

进价：600 × 90% − 70 = 470（元）。

拓展思路

一件商品随季节变化降价出售，如果按现价降价 10%，仍可盈利 180 元，如果降价 20%，就要亏损 240 元，这件商品的进价是多少元？

答案提示

解：设这件商品的现价为 x 元。

$$(1-10\%)x-180=(1-20\%)x+240$$

$$0.9x-180=0.8x+240$$

$$0.1x=240+180$$

$$x=4200$$

$$(1-10\%)x-180=3600$$

答：这件商品的进价是 3600 元。

智慧提升

在解决实际问题的过程中，我们要紧紧围绕着有用的数学信息，可以画图分析，找准标准量，找出等量关系，这样就能更好地运用数学知识和方法解决问题。

妈妈的生日

故事分享

妈妈的生日马上就要到了，爸爸和淘淘商量要给妈妈买个礼物，商量后决定给妈妈买条金项链。于是趁着周末的时间，淘淘和爸爸一起来到了黄金专柜，发现这里的销售员阿姨介绍黄金时有的说“24K金”，有的说“千足金”，有的说“999黄金”，而且这些黄金都是按克卖的。好奇的淘淘问了一位销售员阿姨为什么这几个店的黄金价格都不一样，阿姨耐心地告诉淘淘：

理论上100%的金称为24K金，但在现实中不可能有100%的黄金，所以我国规定含量达到99.96%及以上的黄金才能称为24K金，也叫千足金，而999黄金指的也是千足金，黄金的纯度是千分之九百九十九。

阿姨接着说："小朋友，我考考你，18K 金表示含金量近似 75%，12K 金表示含金量近似 50%。你能算一算：质量 8 克的 20K 金项链含金约是多少克？"

思考分析

要求 8 克 20K 金项链含金多少克，可以先求 1K 金的含金量，$50\% \div 12 \approx 4.17\%$；再求出 20K 金的含金量，$20 \times 4.17\% \approx 83.4\%$；最后求出 8 克 20K 金的含金克数，$8 \times 83.4\% = 6.672$（克）。所以质量 8 克的 20K 金项链含金约 6.7 克。

拓展思路

下午，爸爸让淘淘去小区门口的蛋糕店拿订好的 12 英寸（蛋糕的直径）的生日蛋糕，去店里取蛋糕时，淘淘发现他的蛋糕被别人取走了。为了表达歉意，服务员给了淘淘两个 8 英寸的这种蛋糕（不同寸数的生日蛋糕厚度大致相同），淘淘心满意足地回家了。你认为淘淘应该高兴吗？请说明理由。（1 英寸 ≈ 2.5 厘米）

答案提示

淘淘不应该高兴，因为两个 8 英寸蛋糕的面积是：$(8\div2)^2\times3.14\times2=100.48$（英寸^2），一个 12 英寸蛋糕的面积是：$(12\div2)^2\times3.14=113.04$（英寸^2），100.48 英寸^2 < 113.04 英寸^2，所以淘淘不应该高兴。

智慧提升

当遇到生活中的数学问题时，一定要想清楚问题中所涉及的数学知识，不能像淘淘那样简单地把问题理解成“比较直径的问题”。不要被表面的现象所迷惑，认真思考，才会正确理解。

不可思议的祖暅原理

故事分享

在今天的数学阅读分享课上，热爱阅读的乐乐给大家分享了数学家祖暅的故事。

祖暅（gèng），生于456年，是发现圆周率的数学家祖冲之的儿子，他提出体积的计算原理（祖暅原理）：“幂势既同，则积不容异。”“势”是高，“幂”是面积。意思是：夹在两个平行平面间的两个几何体，被平行于这两个平面的任意平面所截，如果截得的两个截面的面积总相等，那么这两个几何体的体积相等。如下页图所示：

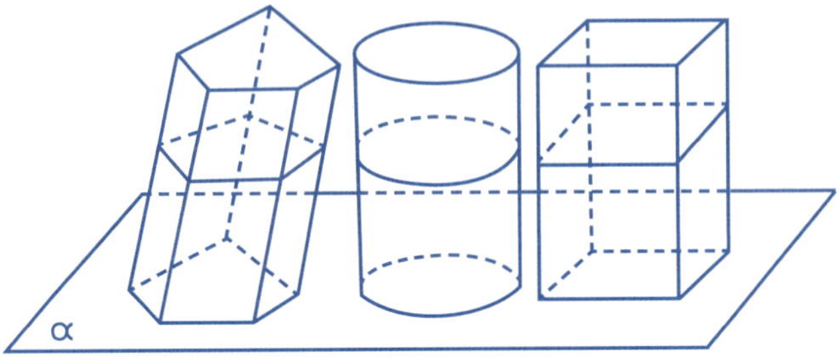

如果上面这三个立体图形每个截面的面积总相等，那么这三个立体图形的体积就相等。

听完了乐乐的介绍，淘淘还是不明白为什么这三个立体图形的体积是相等的，你能想办法给淘淘讲明白吗？

思考分析

乐乐想到了张老师平时讲课时总是给同学们举例子帮助同学们理解知识，所以乐乐也给淘淘举了个例子帮助淘淘理解祖暅原理，乐乐说：我们先在纸上画面积相等的一个圆和一个长方形，然后再用相同的纸分别剪 100 个一样的圆和长方形，把这 100 个圆叠放成一个圆柱、100 个长方形叠放成长方体，因为每一个圆和

每一个长方形的面积相等，圆柱和长方体的高都是 100 张纸的厚度，所以圆柱和长方体的体积相等。

拓展思路

听了乐乐的解释，淘淘终于明白了祖暅原理，于是乐乐又给淘淘出了一个这样的问题：你能用祖暅原理推导出圆柱的体积公式吗？

答案提示

假如长方体与圆柱的底面积都为 S，高都为 h，根据祖暅原理，那么它们的体积相等，因为长方体的体积 $V = S\times h$，所以圆柱的体积 ____________________。

智慧提升

当数学中有一些知识不太容易理解时，我们最好能找个生活中的例子来帮助我们理解，联系生活实际举例是我们学习数学的好帮手。

木材的体积

故事分享

周末，淘淘和爸爸一起来到了木材加工厂。工厂里有许多圆柱形的木材，工人叔叔给淘淘介绍了他们计算木材体积的方法：先测量出圆柱形木材的长和直径，再根据一定的方法取近似值进行计算。

工人叔叔指着面前的一根圆柱形木材说："这根原木的长大约是 10 米，直径大约是 1.2 米，你能算出这根圆柱形木材的体积吗？"

思考分析

我们可以先求出这根圆柱形木材的半径：$1.2 \div 2 = 0.6$（米），

再根据圆柱的体积公式计算出体积：$3.14 \times 0.6^2 \times 10 = 11.304$（立方米）。所以这根圆柱形木材的体积是 11.304 立方米。

拓展思路

为了运输方便，工人叔叔会把长的木材截短，一根长 15 米的圆柱形木材，截成 3 段等长的圆柱，表面积增加了 8 平方米，你能算出木材的体积吗？

答案提示

把一根长 15 米的圆柱形木材平均分成三段，表面积和原来相比，侧面积没有改变，增加了 4 个底面圆的面积（如下图），所以圆柱底面积就是：____________________，这根圆柱木材的体积就是：____________________。

智慧提升

我们在解决某些问题时，可以利用画图、联系生活实际等方法，发现题目中的规律，遇到这类问题时就可以运用这些规律解决问题。

截木材的问题

故事分享

参观完木材加工厂回到家，淘淘兴奋地对妈妈说：“木材加工厂也有许多数学问题呢！”于是，他准备把遇到的两个问题考妈妈，聪明的妈妈都解答了出来。“妈妈好厉害啊！”淘淘感叹道。妈妈笑着对淘淘说：“其实木材加工厂里还有其他数学问题，你想不想知道？”“想！”淘淘不假思索地说，妈妈就说了这样一个问题：一根木材长 24 分米，要把它锯成 4 分米的小段，每锯一段要 3 分钟，每锯完一段休息 2 分钟，全部锯完需要几分钟？

同学们，你们能帮淘淘解答吗？

思考分析

我们可以先用 $24\div4=6$ 段，求出要平均分成 6 段，分成 6 段只用锯 5 次，中间也是休息 5 次，所以用 $5\times(3+2)=25$ 分。

拓展思路

看着淘淘这么快解决了这个问题，妈妈说出了第二个问题：24 米长的原木，要截成 11 米和 7 米两种长度的木料，现在要求两种木料各 60 段，至少需要 24 米的原木多少根？（剩余的原木不进行拼接）

初看起来问题很简单，每件原木都可以截下 11 米和 7 米的木料各一段，所以共需 60 段原木，但这样造成很大的浪费，因为 $24-11-7=6$ 米，剩下的木料比较多，而剩余的原木不进行拼接，所以这样截取不是最佳的，应该找出一种最省料的方法。

到底如何截才能最省料呢？可要认真想一想啦。

答案提示

为了节约木料，我们找出以下两种截取方法：24 米的原木截成 11 米的两段，剩余木料 2 米，或 24 米的原木截成 7 米的三段，剩余木料 3 米，所以可以这样计算：

24÷11 ＝ 2（段）……2（米），60÷2 ＝ 30（根）

24÷7 ＝ 3（段）……3（米），60÷3 ＝ 20（根）

____

所以只需要原木 _____ 根。

智慧提升

在日常生活和生产中，我们经常会遇到完成一件事情，怎样合理安排才能做到用的材料最少、效果最佳的问题。这类问题在数学中称为统筹问题。

巧用“等积变形”解决容积问题

故事分享

周末，淘淘爸爸的6位朋友来淘淘家做客，懂事的淘淘马上拿出茶壶和6个水杯给客人沏茶，这6个圆柱形水杯从里面量底面积是30平方厘米，高10厘米，平时沏一壶茶能倒满4杯，如果让6位客人都能喝上这壶茶水，平均每杯倒多少毫升？

同学们，你们能帮淘淘解决这个问题吗？

思考分析

我们可以先求出一壶茶水（4满杯）的体积：$30\times10\times4=1200$（毫升），再平均分6份：$1200\div6=200$（毫升），所以平均每杯倒200毫升。

拓展思路

爸爸的朋友听说淘淘数学成绩很好，就说："淘淘，叔叔给你出个数学问题，你家的这个茶壶的容积是 1200 毫升，假如你家的饮水机水龙头的内半径是 0.5 厘米，打开水龙头后，水的流速是每秒 20 厘米，要把这个茶壶接满需要多长时间？"

淘淘想了半天，终于解决了这个问题，你知道淘淘是怎样解决这个问题的吗？同学们，请你自己先试一试。

答案提示

原来，淘淘是把动态的水流想象成静态的圆柱，先求出圆柱的高：______________________________，知道速度是 20 厘米 / 秒，就可以求出时间：____________________。

智慧提升

"等积变形"其实也是一种转化的思想，在我们的数学学习中应用非常广泛。在解决问题时，要抓住**积不变**的特点，才能使问题得到解决。

长高的秘密

故事分享

淘淘的学校每年都要进行体检，今年体检结果出来后，淘淘的身高是142厘米，与同龄人相比偏矮。飞飞的身高是149厘米，与同龄人相比身高正常。回到家后，淘淘妈妈安慰淘淘说："有的孩子发育得早，有的孩子发育得晚，说不定过两年淘淘就会超过飞飞了。"半信半疑的淘淘自己上网搜索了有关身高的信息：

儿童的身高由遗传和环境两大因素决定，遗传身高与父母的身高有很大的关系，

男孩遗传的身高＝（爸爸身高＋妈妈身高＋12）÷2，

女孩遗传的身高＝（爸爸身高＋妈妈身高－12）÷2，

淘淘妈妈身高 160 厘米，爸爸身高 172 厘米，聪明的淘淘马上就算出了自己的遗传身高。

思考分析

根据计算遗传身高的方法，淘淘的遗传身高 =（172 + 160 + 12）÷2 = 172（厘米）。

拓展思路

可是怎么才能让自己长到那么高呢？科学研究发现：影响儿童身高的后天因素是睡眠、营养加运动。儿童每天最好在晚上 9 时之前睡觉，因为一天当中，半夜 12 点前后 1 小时是生长激素分泌最旺盛的时候，生长激素一般在儿童睡着之后 1 ～ 2 小时进入深度睡眠的时候，分泌达到高峰。

人体骨骼的主要成分是钙质，所以要长高必须摄入足够的钙，根据淘淘的年龄，每天钙要摄入 800 ～ 1000 毫克，据某年统计，我国人均每日膳食钙摄入量只有 339 毫克，而 100 毫升牛奶中含钙 100 ～ 120 毫克。同学们，你们能帮淘淘算算他每天最少要喝多少毫升的牛奶才能补充长高所需的钙吗？

答案提示

题目中问至少要喝多少毫升牛奶，那么每天最少要摄入 800 毫克的钙，从牛奶中要摄入的钙是 800 − 339 = 461 毫克，按每 100 毫升牛奶含钙 120 毫克计算，每天至少要喝 100 ×（461 ÷ 120）≈ 384 毫升。

智慧提升

当我们理性看待，我们会发现身高中藏着许多数学秘密，让我们学会合理饮食、适当运动，用科学的数据促进我们健康成长。

“杂交水稻之父”袁隆平

故事分享

周六，淘淘在网上无意中看到了这样一条消息：

“杂交水稻之父”、中国工程院院士、“共和国勋章”获得者袁隆平于2021年5月22日13时07分在长沙因病逝世，享年91岁。

袁隆平生于1930年9月7日，他是中国杂交水稻的开创者，被誉为“世界杂交水稻之父”。他的一生有三个梦想：一是稻下乘凉，二是杂交水稻覆盖全球，三是在寸草不生的盐碱地种植水稻品种，如今他的三个梦想都实现了。

2018年杂交水稻每公顷大约产17吨，相当于亩产1139千克，他还希望自己能够在2021年实现每公顷20吨的目标，向建党 100 周年献礼。

同学们，假设袁爷爷的梦想成真，你们能帮淘淘算算 2021 年杂交水稻每亩的产量是多少千克吗？

思考分析

我们可以用学过的比例方程解决这个问题。

解：设 2021 年杂交水稻每亩的产量是 x 公斤。

$$17:1139 = 20:x$$

$$17x = 22780$$

$$x = 1340$$

答：2021 年杂交水稻的产量是 1340 千克。

拓展思路

袁隆平通过几十年的努力发明了全球唯一能在盐碱地上生长的海水稻，起名为“袁隆平耐盐碱大米”，我国现有耕地 18 亿亩，盐碱地 15 亿亩，大约有 $\frac{1}{5}$ 的盐碱地可以种植“袁隆平耐盐碱大米”，从而把盐碱地改造为耕地，把这些盐碱地改造为耕地后，我国的耕地可以增加几分之几？

答案提示

从题目中知道可以改造为耕地的盐碱地是：$15\times\frac{1}{5}=3$（亿亩），__________________，所以，我国的耕地可以增加______________。

智慧提升

知识就是力量。我们要学习袁隆平爷爷的研究精神，做学习的有心人，在数学学习中不断思考，才能有长足的发展。

有趣的反比例

故事分享

星期天，淘淘和乐乐一起玩舀水游戏。乐乐找了一个小勺，一勺一勺往外舀，舀了半天，也没有舀满一小桶水。而淘淘找了一个大勺，舀了一会儿，就舀满一小桶水。

淘淘看着乐乐，说："像你这样什么时候能舀满呢？"乐乐觉得很委屈，心想：不就是舀水吗？有那么复杂吗？淘淘说："那可不一样，一小桶水的总量一定，勺子越小，舀的次数越多；勺子越大，舀的次数越少。"乐乐想想也是。同学们，你们明白淘淘所说的吗？其实，用数学的眼光看，其中存在一些数学知识呢！请你跟着乐乐一起分享其中的乐趣。

思考分析

在上面的故事中，每勺舀水量与舀水的次数，是两种相关联的量，一种量变化，另一种量也随之变化。在这两种量中，相对应的两个数的积一定，也就是水的总量一定，这两种量就叫作成反比例的量，它们的关系为反比例关系。

拓展思路

同学们，你们能找到生活中成反比例的两种量吗？请和小伙伴们一起分享吧。

答案提示

生活中有许多成反比例的两种量。比如，路程一定，速度和时间是成反比例的两种量；总价一定，单价和数量是成反比例的两种量；每天读书的页数与读完这本书所需要的天数，是成反比例的两种量……

1

智慧提升

生活中有许多相关联的量，需要我们多动脑筋，认真思考，这样才能找到数量间的本质关系。抓住积一定的特征，从而找到反比例关系。

有趣的比例尺

故事分享

淘淘平时十分喜欢研究地图，一有时间，就对着地图看个没完。通过看地图，他知道了很多知识，比如亚洲、非洲的具体位置等。在一幅地图上的一角有 1∶2000000 的标识，这是什么意思呢？淘淘跑去问爸爸：“爸爸，地图上的 1∶2000000 是什么意思呢？”“这是比例尺，你想，地球那么大，怎么可能画在一张纸上呢？于是，人们就想了一个办法，按比例缩小。地图上的 1∶2000000 表示的是，地图上的 1 厘米表示实际距离 2000000 厘米。”淘淘明白了，接着说：“哦，原来是这样的！”

淘淘在阅读一本数学课外读物时，看到有文字介绍道：

“火山喷发时，岩浆能冲上 3000 米的高空。”淘淘拿着直尺量了量书上的火山喷发图，是 2 厘米。也就是说，这幅火山喷发图的比例尺是 2 : 3000 = 1 : 1500。同学们，淘淘写的比例尺对吗？你们能够根据上面的情况写出这幅火山喷发图的比例尺吗？

思考分析

淘淘求出的比例尺不对。求比例尺，我们可以运用“比例尺 $= \frac{\text{图上距离}}{\text{实际距离}}$”进行解决。在求比例尺时，单位必须统一，3000 米 = 300000 厘米，2 : 300000 = 1 : 150000。所以，这幅火山喷发图的比例尺是 1 : 150000。

拓展思路

淘淘一家要乘火车从北京南站到上海虹桥站，淘淘拿出地图，比例尺是 1 : 8000000。淘淘先在地图上找到北京和上海，然后沿铁路线量出两个城市间的线段长度是 16.5 厘米，同学们，你知道两地的实际铁路线长多少千米吗？请把你的思考和好朋友一起分享。

答案提示

求实际距离，我们可以运用“$\text{实际距离}=\frac{\text{图上距离}}{\text{比例尺}}$”进行解决。淘淘在地图上沿铁路线量出两个城市间的线段长度是 16.5 厘米，而地图的比例尺是 1∶8000000，两地的实际铁路线长是：

____。

智慧提升

比例尺在我们的日常生活中有很广泛的应用，只要我们联系生活实际巧妙运用所学内容，就能够让我们感受到数学的价值，提升数学学习的魅力。

考试中的数学

故事分享

为了迎接即将到来的数学期末考试，淘淘班的49名学生都复习得特别认真，尤其是乐乐，他把平时的典型错题找出来全部做一遍。考试结束后，数学张老师高兴地告诉大家："在本学期的数学期末考试中，除3人以外，其他同学分数都在90分以上（包括90分，分数都是整数）。"

当大家都在欢呼取得好成绩时，张老师接着说："你们能不能推断出90分以上的同学中，至少有几人的分数会一样？"

思考分析

淘淘是这样想的：这是一个“鸽巢问题”，班里有49名学生，有3个同学成绩在90分以下，所以90分以上的有46人，而从90分到100分共有11个不同的分数，所以用 $46 \div 11 = 4 \cdots\cdots 2$，$4 + 1 = 5$，所以至少有4个人的分数一样。

拓展思路

聪明的乐乐，在本学期前9次数学测试中平均分是96分，加上期末考试的成绩计算平均分后，乐乐的平均分提高了0.4分。你能算出期末考试乐乐的成绩是多少分吗？

答案提示

加上期末考试一共测试了 $9 + 1 = 10$ 次，平均分为 $96 + 0.4 = 96.4$ 分，10次测试的总成绩为 $96.4 \times 10 = 964$ 分，前9次的总分为 $96 \times 9 = 864$ 分，期末考试的成绩是________________分，所以乐乐期末测试成绩为______分。

智慧提升

我们在推断的时候，可以联系生活或利用学过的“鸽巢问题”来正确解答。我们在解答中要学会理性思考和分析，这样才能使我们的思考更加深入，使数学学习更加简单。

巧用不变量解决问题

故事分享

这天，淘淘在看一本书时，时而皱眉思考，时而看上去很开心。乐乐看到这种情况，就走上前看了看，原来，淘淘在看一本数学连环画，上面是一个有趣的盐水实验，乐乐也很开心地看完了连环画。数学连环画的大致内容是：毛毛先调好一杯盐水，盐占盐水的$\frac{1}{5}$，他又加入了16克盐后，盐占盐水的$\frac{1}{4}$，你知道毛毛原先调好的这杯盐水多少克吗？乐乐说：“这还不简单，16克对应的是（$\frac{1}{4}-\frac{1}{5}$），直接列式为$16\div(\frac{1}{4}-\frac{1}{5})=16\div\frac{1}{20}=320$克。”淘淘听了乐乐的想法，也不知道到底对不对。同学们，你们知道乐乐解得对吗？

思考分析

这个解法表面看是正确的，但我们需要考虑$\frac{1}{4}$、$\frac{1}{5}$对应的整体不同，所以，不能直接进行运算。但认真分析后会发现水的质量没有变，我们可以抓住不变量来解决问题。

根据盐占盐水的$\frac{1}{5}$，我们可以求出盐占水的$\frac{1}{4}$，加入了 16 克盐后，盐占盐水的$\frac{1}{4}$，此时，盐占水的$\frac{1}{3}$。水的质量是：$16 \div \left(\frac{1}{3} - \frac{1}{4}\right) = 16 \div \frac{1}{12} = 192$（克）。盐的质量是：$192 \times \frac{1}{4} = 48$（克），所以盐水的质量是：$192 + 48 = 240$（克）。

拓展思路

解决问题后，淘淘和乐乐拿出了一些彩笔，有红色笔和黄色笔，其中，红色笔占这些彩笔的$\frac{9}{20}$，乐乐又加入了 16 支黄色笔，这时，红色笔占这些彩笔的$\frac{1}{4}$，想一想，原来有多少支彩笔？动动脑筋，你一定会有办法的。

答案提示

我们可以抓住红色笔数量不变进行思考。根据红色笔占这些彩笔的$\frac{9}{20}$，我们可以求出黄色笔占红色笔的$\frac{11}{9}$，乐乐又加入了16支黄色笔，红色笔占这些彩笔的$\frac{1}{4}$，我们可以求出黄色笔占红色笔的$\frac{3}{1}$。红色笔有：________________________，原来有彩笔：________________。

智慧提升

我们在解决问题时，由于数量关系隐藏得比较隐蔽，好像找不到解决问题的策略，但认真分析会发现有些量没有变，我们就可以抓住这个不变量，再将其他数量关系转化为相当于这个不变量的多少，然后解决问题。

巧用类比法解决问题

故事分享

喜欢数学的淘淘和乐乐都报名参加了数学社团，周末张老师去购书中心为社团的同学们买书，她带的钱正好可以买 19 本《魔力数学：模型 推理》或 18 本《魔力数学：量感 统计》。如果张老师买了 10 本《魔力数学：量感 统计》后，剩下的钱全部买《魔力数学：模型 推理》，还可以买几本？

聪明的同学们，你们能帮张老师解决这个问题吗？

思考分析

把张老师的总钱数看作整体“1”，一本《魔力数学：模型　推理》的单价就是$\frac{1}{19}$，一本《魔力数学：量感　统计》的单价就是$\frac{1}{18}$，买 10 本《魔力数学：量感　统计》用了总钱数的$\frac{1}{18}\times 10=\frac{5}{9}$，还剩总钱数的$1-\frac{5}{9}=\frac{4}{9}$，所以可以买$\frac{4}{9}\div\frac{1}{19}\approx 8$（本），即可以买 8 本《魔力数学：模型　推理》。

拓展思路

参加数学社团后，淘淘每天 18 时回家吃饭，一天，他妈妈从 18 时开始等，一直等到时针与分针第一次近似直角时淘淘才回家，你知道淘淘是什么时间回家的吗？

答案提示

可以把两指针看作在钟面上做匀速圆周运动并且同向而行的问题。把分针走 1 分钟的距离当成 1 格，当分针超过时针 15 格时，两针第一次形成直角；分针走 60 格时，时针才走 5 格，因此，分针每分比时针多走：$1-\frac{1}{12}=\frac{11}{12}$（格），$15\div\frac{11}{12}\approx16$（分）。

所以淘淘是 18 时 16 分到家的。

智慧提升

在解题时，如果发现要解决的问题与一个已经解决的问题相似，我们就可以按照已经解决的问题的办法，来解决新的问题。

巧用数量关系解决问题

故事分享

周末，淘淘爸爸帮爷爷买了三袋散装饲料，好让爷爷来喂养小鸡。淘淘问爸爸："这些饲料一共多少千克呢？"爸爸回答道："这些饲料一共 191 千克。"淘淘接着问："这三袋饲料各重多少千克呢？"爸爸说："这个我可要考考你，看看你这一段时间数学学得怎么样。听好了，第一袋比第二袋少 4 千克，第二袋比第三袋少 12 千克。""这……"淘淘心里想，有这么复杂吗？看来，我要认真思考一下呢！

"我知道这三袋饲料各重多少千克了！"淘淘高兴地说。

同学们，你们知道淘淘是怎样求出这三袋饲料有多重的吗？

思考分析

根据前面的数量关系，第二袋饲料的质量＋ 12 ＝第三袋饲料的质量，第一袋饲料的质量＋ 4 ＋ 12 ＝第三袋饲料的质量。现在饲料的总重是：191 ＋ 12 ＋ 4 ＋ 12 ＝ 219（千克），219 千克正好是 3 个第三袋饲料的质量，我们可以求出：

第三袋饲料的质量：219÷3 ＝ 73（千克），

第二袋饲料的质量：73 － 12 ＝ 61（千克），

第一袋饲料的质量：61 － 4 ＝ 57（千克）。

所以，这三袋饲料各重 57 千克、61 千克、73 千克。

拓展思路

你还会用不同的方法解答吗？请你认真想一想。

答案提示

1. 根据题目中的数量关系，第二袋饲料的质量－ 4 ＝第一袋饲料的质量，第三袋饲料的质量－ 12 － 4 ＝第一袋饲料的质量。现在饲料的总重是：191 － 4 － 12 － 4 ＝ 171（千克），171 千克正好是 3 个第一袋饲料的质量，我们可以求出：

第一袋饲料的质量：171÷3 = 57（千克），

第二袋饲料的质量：57 + 4 = 61（千克），

第三袋饲料的质量：61 + 12 = 73（千克）。

所以，这三袋饲料各重 57 千克、61 千克、73 千克。

2. 根据题目中的数量关系，第一袋饲料的质量 + 4 = 第二袋饲料的质量，第三袋饲料的质量 − 12 = 第二袋饲料的质量。现在饲料的总重是：191 + 4 − 12 = 183（千克），183 千克正好是 3 个第二袋饲料的质量，我们可以求出：

第二袋饲料的质量：183÷3 = 61（千克），

第一袋饲料的质量：61 − 4 = 57（千克），

第三袋饲料的质量：61 + 12 = 73（千克）。

所以，这三袋饲料各重 57 千克、61 千克、73 千克。

智慧提升

对于数量关系隐藏得比较隐蔽的题目，为了找到解题途径，我们可以改变题目中的某些已知条件，这样更容易找到题目的数量关系，从而解决问题。

巧用转化法解决问题

故事分享

周三晚上，淘淘到舅舅家玩。舅舅家新开了一个水果店，生意非常红火。淘淘最近听舅舅说新进了一批苹果，就想问问销售情况。他来到舅舅跟前问："好舅舅，你店里的苹果卖得怎么样呀？"舅舅看到淘淘来询问，就想考考淘淘，说："我今天还真有两个问题要考考聪明的淘淘，看你能不能回答出来。""快说吧！没有我淘淘解决不了的问题。"淘淘自信地说。看到淘淘这样自信，舅舅就直接说："我进的无农药污染的苹果很受大家的喜爱，周一就卖出了全部的$\frac{2}{5}$，周二卖出了剩下的$\frac{1}{2}$，今天比周一少卖了$\frac{1}{3}$，店里还剩苹果50千克。你知道舅舅这次进的苹果一共有多少千克吗?”

淘淘一听，什么比周一少，什么卖出剩下的$\frac{1}{2}$，这么复杂，这也太难为人了吧！但淘淘大话已经说出去了，不得不认真思考起来。

同学们，你们能够帮助淘淘尽快想出一个好的解决办法吗?

思考分析

这个题目中分数对应的整体各不相同，我们应该先把这些分数转化为统一的整体，这样才能解决问题。

将这批苹果看作一个整体，

周一就卖出了全部的$\frac{2}{5}$，

周二卖出了：$\left(1-\frac{2}{5}\right)\times\frac{1}{2}=\frac{3}{10}$，

周三卖出了：$\frac{2}{5}\times\left(1-\frac{1}{3}\right)=\frac{4}{15}$。

所以，我们就可以轻易地求出这批苹果的总重：

$$50\div\left(1-\frac{2}{5}-\frac{3}{10}-\frac{4}{15}\right)$$

$$=50\div\frac{1}{30}$$

=1500（千克）。

拓展思路

舅舅看到淘淘解决了这个问题，接着说出了另一个题目，这个题目是明明（舅舅的孩子）问舅舅的问题。问题是这样的：

$$\underbrace{0.1\div0.1\div0.1\div\cdots\div0.1}_{100\text{ 个 }0.1}=?$$

看到这个问题,淘淘心里想：这样的小数一直除下去一定比0.1大得多。因为我们先算出 $0.1\div0.1=1$，$0.1\div0.1\div0.1=10$……那结果到底是多少呢？噢，有办法了！

同学们，你们知道淘淘想到了什么办法吗？

答案提示

$$\underbrace{0.1 \div 0.1 \div 0.1 \div \cdots \div 0.1}_{100\text{个}0.1}$$

$$= \underbrace{\frac{1}{10} \div \frac{1}{10} \div \frac{1}{10} \div \cdots \div \frac{1}{10}}_{100\text{个}\frac{1}{10}}$$

$$= \frac{1}{10} \times \underbrace{10 \times 10 \times \cdots \times 10}_{99\text{个}10}$$

$$= 1\underbrace{000\cdots\cdots0}_{98\text{个}0}$$

智慧提升

当我们遇到无法入手解决的问题时，可以尝试解决与其相关的问题，或转化成熟知、简单的问题，这样就能化难为易、化繁为简了。

巧用数据特征解决问题

故事分享

今天，淘淘和同学们争论着什么。乐乐走近一看，原来是在争论一本数学课外书上的一道题，题目是这样的：六（1）班开展“节约小卫士”活动，第一小组搜集了废旧电池 12 节，占全班的$\frac{2}{7}$，第二小组搜集的废旧电池占全班的$\frac{3}{7}$。问：第二小组搜集了废旧电池多少节？

乐乐看完了，心里想：这么简单的题目还需要争论？于是，他就抢先说：“我们可以这样解答，先求出全班搜集的废旧电池：$12 \div \frac{2}{7} = 42$（节），然后求出第二小组搜集的废旧电池：$42 \times \frac{3}{7} = 18$（节）。”

他刚说完，大家一起看着乐乐，眼神怪怪的，看得乐乐心里直打鼓。他再次看看题目，没有错呀！于是，他就问淘淘：“我说错了吗？”淘淘说：“你说的方法我们早就知道，我们在讨论‘12÷2×3’的列式对不对。”淘淘这样一说，反而让乐乐不好意思了。

这样列式到底对不对呢？请同学们认真想一想。

思考分析

对。12÷2求出的是全班的$\frac{1}{7}$，再乘3求出的就是全班的$\frac{3}{7}$，也就是第二小组搜集废旧电池的节数。这个题目巧妙解答的关键在于数据比较统一，所以，这样解答更加巧妙。

拓展思路

六（1）班开展“节约小卫士”活动，第一小组一周一共节约垃圾袋15个，占全班的$\frac{5}{17}$，第二小组一周一共节约垃圾袋占全班的$\frac{6}{17}$。问：第二小组一周一共节约垃圾袋多少个？同学们，你们会解答吗？

答案提示

方法一：______________________________。

方法二：______________________________。

智慧提升

对于同一个题目，我们可以运用不同的方法进行解答。在解答中，我们可以采用基本的解题策略，也可以根据数据特征采用巧妙的解题策略，这样更加简单。

转换角度
解决问题

故事分享

今天，淘淘到舅舅开的水果店里玩。舅舅新进了两筐同样重的苹果，他从第一筐里取出 15 千克苹果放入第二筐，这时，第一筐苹果的质量是第二筐的$\frac{3}{5}$。舅舅问淘淘：“你知道原来每筐苹果各重多少千克吗?”淘淘心里想：舅舅又在考我，我可不能大意。

根据从第一筐里取出 15 千克苹果放入第二筐，这时，第一筐苹果的质量是第二筐的$\frac{3}{5}$，我们可以知道，2 个 15 千克就相当于第二筐苹果的（$1-\frac{3}{5}$），因此，我们可以求出原来

每筐苹果的质量是 $15 \times 2 \div (1 - \frac{3}{5}) - 15 = 60$（千克）。

当淘淘把自己的想法告诉舅舅时，舅舅夸淘淘确实很聪明，但舅舅又提出了一个新的要求：还有更简单的方法吗？同学们，请你们认真想一想。

思考分析

我们还可以利用比的知识进行解答。第一筐和第二筐的总份数是（5 + 3），从第一筐里取出 15 千克苹果放入第二筐后，第一筐为$\frac{3}{8}$，第二筐为$\frac{5}{8}$，它们的差是$(\frac{5}{8} - \frac{3}{8})$，因此，我们可以求出原来每筐苹果的质量是：$15 \div (\frac{5}{8} - \frac{3}{8}) = 60$（千克）。

我们还可以利用整数的知识进行解答。第一筐和第二筐的总份数是（5 + 3），第二筐比第一筐多 2 份。我们还知道，原来两筐苹果质量同样重，从第一筐里取出 15 千克苹果放入第二筐后，两筐苹果相差：$15 \times 2 = 30$（千克）。我们可以求出原来每筐苹果质量是：$30 \div (5 - 3) \times (5 + 3) \div 20 = 60$（千克）。

拓展思路

舅舅开的水果店里又新进了两筐同样重的梨，舅舅从第一筐里取出 8 千克梨放入第二筐，这时，第一筐梨的质量是第二筐的 $\frac{3}{4}$。同学们，你们知道原来每筐梨重多少千克吗？请你试一试。

答案提示

根据题意，第一筐和第二筐的总份数是（4 + 3），从第一筐里取出 8 千克梨放入第二筐后，第一筐为 $\frac{3}{7}$，第二筐为 $\frac{4}{7}$，它们的差是（$\frac{4}{7}-\frac{3}{7}$），因此，我们可以求出原来每筐梨的质量是：

______________________________。

智慧提升

对于分数、百分数的问题解决，我们可以从更简捷的思路进行思考，找到更简单的解决问题的方法。有时，我们可以利用比的知识让问题变得简单，提高我们解决问题的能力。

巧用倍数解决问题

故事分享

今天，淘淘和乐乐一起到植物园游玩。淘淘数了数，杨树一共有 48 棵。乐乐是负责数柳树棵数的，当他跑得满身大汗回来时，告诉淘淘：“柳树的棵数是杨树的 3 倍。”他对淘淘这样的分工很不满意，柳树多，让他跑得满身大汗，他还提出：“淘淘，你必须算出两种树各占总数的百分之几。”

对于这样的“惩罚”，淘淘一点也不在意，因为求两种树各占总数的百分之几，只要知道两种树各自的棵数和两种树的总棵数就可以了，而这对于淘淘而言是张飞吃豆芽——小菜一碟。一会儿工夫，淘淘就求了出来。他是这样解答的：杨树占总棵数的百分数是 48÷［48×（1＋3）］＝25%，柳树占总棵数的百分数是 48×3÷［48×（1＋3）］＝75%。

看到淘淘的解法，乐乐很满意，但他突然想起了什么：“这个题目还可以这样解答……”你知道乐乐是怎样解答的吗？比一比，看谁的方法更巧妙。

思考分析

如果我们把杨树的棵数看作“1”，那么柳树的棵数就是 3。杨树占总棵数的百分数是 1÷（1＋3）＝25%，柳树占总棵数的百分数是 3÷（1＋3）＝75%。

拓展思路

植物园里还有碧桃 68 棵，夹竹桃的棵数是碧桃的 4 倍，你能求出碧桃和夹竹桃各占总棵数的百分之几吗？要认真思考哟！

答案提示

根据题意，如果我们把碧桃的棵数看作“1”，那么，夹竹桃的棵数就是 4。碧桃占总棵数的百分数是 1÷（1＋4）＝20%，夹竹桃占总棵数的百分数是＿＿＿＿＿＿＿＿＿＿＿＿＿＿。

智慧提升

我们根据倍数，巧妙地解决问题，有时思路的改变提供了解题的灵感。

巧用整体"1"解决问题

故事分享

为庆祝元旦，淘淘班上的学生利用课余时间吹气球。同学们都争先恐后地为班级出力，淘淘从班主任李老师那里知道了这次一共要吹120个气球。在同学们的努力下，前3天完成了20%。乐乐就问淘淘："如果照这样计算，完成这些任务，还需要多少天?"淘淘想了想说："其实很简单，我们可以先求出剩余需要吹的气球数和平均每天吹的气球数就可以了。我们可以这样计算：$(120-120\times20\%)\div(120\times20\%\div3)=12$（天），我们还可以这样计算：$120\div(120\times20\%\div3)-3=12$（天）。"

淘淘刚说完自己的想法，心想：这次看你还有什么挑剔的！

我用两种方法解答了。乐乐说："不错！不错！你一下子用两种方法解答了，但我认为可以这样列式：3÷20% − 3。你认为呢？"

淘淘看到这个算式时，有些惊讶，这到底是什么意思呢？你觉得乐乐列出的算式对吗？请认真思考。

思考分析

对！如果我们把班级吹的气球数看作整体"1"，那么我们就可以求出一共需要的天数为：3÷20% = 15（天），然后再求出还需要的天数为：15 − 3 = 12（天）。所以，"3÷20% − 3"的列式是正确的。

拓展思路

元旦，爸爸和淘淘开车一起去拜访爷爷，一共需要行驶 250 千米，前 3 个小时已经行驶了 30%。照这样的速度，到爷爷家还需要多少小时？同学们，你们会解答吗？请认真思考。

答案提示

如果我们把行驶的总路程看作整体“1”，那么我们就可以求出一共需要的时间为 $3 \div 30\% = 10$ 时，然后再求出还需要的时间为 ____________________ 时。

智慧提升

对于有些百分数应用题，我们可以巧妙利用整体“1”，这更有利于我们对问题的分析，让解题思路更加灵活。

小罐子里的饼干

故事分享

周末，妈妈给全家烤饼干吃，酥酥脆脆，入口即化。淘淘称赞妈妈道：“妈妈，您的厨艺越来越好啦！”妈妈笑眯眯地拿出一个小罐子，把烤好的饼干装了一部分进去，说：“这些饼干是你这几天的零食，你要自行安排好哦！”

淘淘喜欢和朋友们分享零食，他们第一天吃了总数的一半多 2 块，第二天吃了剩下的一半多 2 块，第三天吃了剩下的一半多 2 块，这时只剩下 2 块饼干。这个小罐子里最初有多少块饼干？

思考分析

淘淘思考了一下：

根据第三天情况可知，这时的一半是 $2+2=4$ 块，第三天没吃饼干时有 $4\times2=8$ 块；

根据第二天情况可知，这时的一半是 $8+2=10$ 块，第二天没吃饼干时有 $10\times2=20$ 块；

根据第一天情况可知，这时的一半是 $20+2=22$ 块，第三天没吃饼干时有 $22\times2=44$ 块。

小罐子里最初有 44 块饼干。

从第三天推断第一天的情况，这样的方法是逆推法。同学们，你们看懂了吗？

拓展思路

你还有其他解决问题的方法吗？对了，还可以列方程，请你来试一试吧。小提示：**一定要认真分析题目要求哦！**

答案提示

方程和逆推法的思路相反，需要从第一天的情况开始分析，然后根据每一天的情况列出方程。

解：设最初有 x 块饼干。

$$\frac{1}{2}\left[\frac{1}{2}\left(\frac{1}{2}x-2\right)-2\right]-2=2$$

$$\frac{1}{2}\left[\frac{1}{2}\left(\frac{1}{2}x-2\right)-2\right]=4$$

$$\frac{1}{2}\left(\frac{1}{2}x-2\right)-2=8$$

$$\frac{1}{2}\left(\frac{1}{2}x-2\right)=10$$

$$\frac{1}{2}x-2=20$$

$$\frac{1}{2}x=22$$

$$x=44$$

列方程的方法和逆推法，你觉得哪种方法更适合你？为什么？

智慧提升

逆推法又叫分析法，是从分析每一个结论的必要条件开始，步步倒推，直至说明题目给出的条件恰好符合要求为止。在解决问题时，列方程是通用的方法，而且不需要逆向思考，但有时会很烦琐，不如逆推法简便。不同的方法各有优劣，请同学们根据自己的情况选择合适的方法解决问题。

猴年马月的故事

故事分享

一天，淘淘和乐乐在一起说起了年龄的问题，原来淘淘和乐乐的属相是龙，2024 年都 12 岁了。乐乐突然问淘淘：“你知道猴年马月的故事吗？”淘淘摇了摇头，于是乐乐给淘淘讲了下面的故事：

我国古代用干支纪年，其中十二地支对应十二种动物，称为十二生肖。十二生肖排序如下：

1	2	3	4	5	6	7	8	9	10	11	12
鼠	牛	虎	兔	龙	蛇	马	羊	猴	鸡	狗	猪

我们知道 2024 年是龙年，所以人们都说“龙马精神”，

而有些人说“猴年马月”指的是 2028 年农历五月。

乐乐接着问道：“如果按照这样计算，下一个让我们具有龙马精神的‘龙年马月’是什么时候呢?”

思考分析

聪明的淘淘一下就想到了：下一个龙年是 2036 年，“马月”是农历五月，所以下一个“龙年马月”是 2036 年农历五月。

拓展思路

看这个问题难不住淘淘，乐乐又出了一个和日期有关的问题：2024 年的元旦是星期一，那么 2025 年的元旦是星期几？聪明的小读者，你能帮淘淘解答这个问题吗?

答案提示

2024 年是闰年，所以从 2024 年的元旦到 2025 年的元旦，一共是 366 + 1 = 367（天），每星期 7 天，一共是 367 ÷ 7 = 52（周）……

3（天），从星期一算起，第 3 天是星期三，所以 2025 年的元旦是星期三。

智慧提升

数学是帮助人们解决实际问题的，希望同学们在生活中学数学，在生活中用数学。

答 案

P006 $\frac{1}{2} \times \frac{1}{4} = \frac{1}{8}$

P009 10

P015 1100 − 900 = 200（千克）

P018 $\frac{1}{3}$

P028 $20 \div 12 = \frac{5}{3}$（米/分）

P031 $7 \div \frac{1}{6} = 42$（人）

P034 $70 \div (8 + 12 + 15) \times 12 = 24$（棵）

P045 $1086 \times \frac{1}{3} = 362$

P048 $3.14 \times 22 \times \frac{1}{4} = 3.14$（平方米）

P057　3617.28

P069　$10800\div(30\times2.76)\approx130$（天）

P083　$(8+3)\times80\%=8.8$　甲

P095　$V=S\times h$

P097　$8\div4=2$（平方米）　$2\times15=30$（立方米）

P101　$30+20=50$（根）　50

P103　$1200\div(3.14\times0.5^2)\approx1529$（厘米）

$1529\div20=76.45$（秒）

P109　$3\div18=\frac{1}{6}$　六分之一

P117　$16.5\div\frac{1}{8000000}=132000000$（厘米）$=1320$（千米）

P119　$964-864=100$　100

P123　$16\div(\frac{3}{1}-\frac{11}{9})=16\div\frac{16}{9}=9$（支）

$9\div\frac{9}{20}=20$（支）

P136　$15\div\frac{5}{17}\times\frac{6}{17}=18$（个）　$15\div5\times6=18$（个）

P139　$8\div(\frac{4}{7}-\frac{3}{7})=56$（千克）

P141　$4\div(1+4)=80\%$

P145　$10-3=7$

阅读收获

亲爱的同学，阅读这本书后，如果请你将它推荐给其他同学，你会怎么做？我们不妨可以制作一幅思维导图，请你来试一试。比一比，谁的思维导图做得最精美！

学校：________ 班级：________ 姓名：________

数学阅读奠基学生的终身发展

（代后记）

阅读是一个人的基本学习能力，也是儿童精神成长的重要途径。而数学是一个魅力多姿的世界，如何在阅读中走向多彩的数学世界，我们进行着数学阅读的探索。本套丛书中的故事充满童趣，与学生生活实际紧密结合，让大家体会到数学的广泛应用。书中的数学故事以数学知识为明线，以数学核心的思想方法为暗线，注重通过故事介绍高观点背景下的深入思考，注重教会孩子思考的方法和策略，真正在智慧阅读中学数学、用数学、玩数学。

2019 年，《魔力数学》（4 册）出版后得到了广大教师、学生和家长的厚爱，不断重印。同时，它走出国门，输出到阿联酋。该套丛书荣获 2019 年中南六省优秀教育读物一等奖，入选 2020 年浙江省书香工程推荐书目、2020 年河南省中小学图书馆推荐书目等。数学阅读的研究成果荣获河南省基础教育教学成果奖，研究成果先后在浙江省、山东省、河南省、四川省、新疆维吾尔自治区、内蒙古自治区、海南省等多个省区进行推广，受到了大家的一致好评。

我们名师工作室接待了国培、省培教师，展示了数学阅读的课例和专题报告；开展了中原名师工作室省级名师、省级骨干教师研修专题讲座；并与河南省新密市、洛阳市瀍河区、尉氏县等地组建数学阅读联盟。

数学阅读课程辐射到名师工作室研修教师及所在学校；引领河南省新郑市“名家育名师”基地校研修，聚焦数学阅读深耕；开辟数学阅读专题微信群，围绕数学阅读主题研讨交流。

2017 年 5 月，郑州教育电视台对我的数学阅读研究进行专题报道；2018 年 4 月，他们再次聚焦数学阅读的教与学进行跟踪报道。2017 年 10 月，我撰写的《数学课外阅读的教育魅力》发表在《教育时报》上。

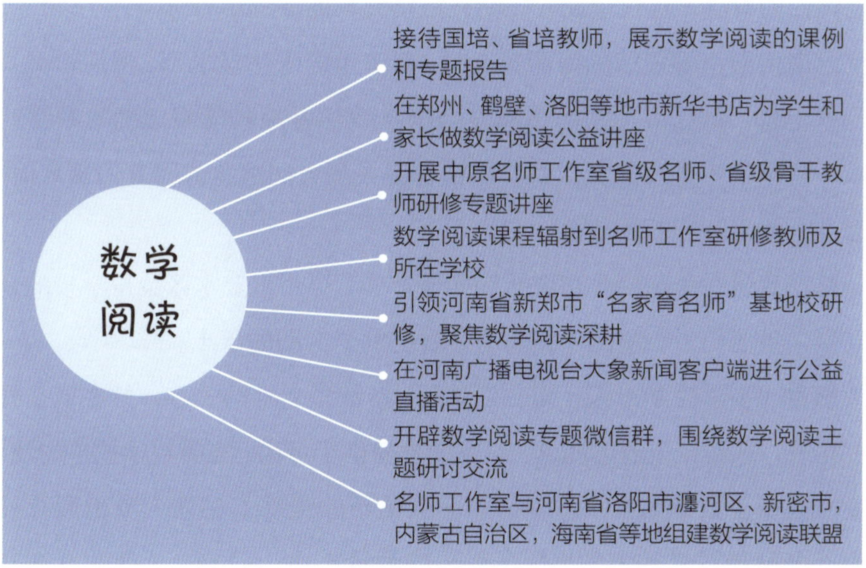

今天，根据读者反馈及调研，大象出版社决定将 4 册《魔力数学》修订为 6 册，设置“淘淘”“乐乐”“飞飞”“花花” 4 个 IP 形象，采用彩色印刷，搭配优美插图，按照国标规范设计字号。此次修订，针对性更强，内容更完善，装帧更精美，提高了丛书的品质。同时，我们将 2022 年新课标的理念融入修订工作中，更突显数学核心素养。

如果说，我在数学阅读方面有那么一点点思考的话，首先，我要感谢蔡金法教授、刘坚教授、王明明老师、王永老师等新世纪小学数学教材编写组的专家，是他们给予我无私的帮助和指导，是他们在繁忙的教学、科研任务之余抽出大量时间，付出大量精力，精心指导我做好数学阅读。同时，我也要感谢全国新世纪小学数学杰出人才第三届高级研修班的同学们，感谢他们无私的帮助和鼓励。

感谢校讯通为我搭建了更宽广的平台，作为校讯通第六届、第七届、第八届、第九届、第十届数学阅读专家评委，我在引领数学阅读的同时也汲取着老师们的智慧，这也促使我不断在数学阅读的旅程中行进着。

感谢洛阳市瀍河区的尚丽花老师、新密市的宋伟琴老师、漯河市源汇区的邢燕老师、新郑市龙湖镇小乔完全小学数学基地校等将《魔力数学》作为数学阅读读本进行区域探索。非常感谢很多志同道合的同人们慕名而来，一起进行数学阅读的教与学。

感谢我所在单位郑州市金水区实验小学、郑州市金水区金桥学校的领导和同事，是他们为数学课外阅读的开展提供了实践的沃土。

感谢《小学生学习报》编辑汪录辽、秦建华老师的关心，并在该报开辟专栏刊载；感谢校讯通的谢君、赵娜老师提供了修改、完善数学故事的建议；感谢宋君小学数学名师工作室研修团队给予的帮助；感谢大象出版社编辑梁金蓝老师为本套丛书的出版所付出的大量心血。同时，感谢一直在身后默默支持我的妻子，正是她无私的奉献，使我有了更多的时间把自己的想法和思考进行梳理，分享给更多的人。

最后，感谢名师工作室将数学阅读作为专题进行研究。请允许我将名师工作室第二届、第四届研修教师名单列于此。名师工作室第二届研修教师：穆桂鹤、魏霞、刘英杰、徐雪华、张文艳、陈伟伟、任庆涛、张艺、韩晓彤、李国建。名师工作室第四届研修教师：刘英杰、张艺、韩晓彤、李倩、梁海霞、刘婵、刘莹莹、喻海游、黄文倩、胡慧芳、刘亚楠、肖菲菲、张龙辉、张婷、李芳芳、刘娟、王鹏鹤、苌婷、李果、张曼佳、蒋飞、夏春艳、苏蒙蒙、岳冲冲、王改霞、王倩玉、杨利利、乔花花。

阅读带来快乐，快乐产生兴趣，兴趣开启智慧，智慧引领发展。让我们一起进行数学阅读，一起踏上智慧阅读之旅，一起分享数学阅读的快乐。让阅读引领精彩，奠基学生的终身发展。

限于本人水平有限，写作中难免有不妥之处，欢迎大家批评指正。

宋　君